丛书编委会

总　策　划：来新国　王文成

编委会主任：郭齐勇　周晓亮

编　　　委：来新国　陈知涯　张　彧　尹格韬　沈　众

　　　　　　王文成　孟淑贤　周长志　罗养毅　秦　丹

　　　　　　乌　琛

陈抟

胡晓 著

大家精要

Chen Tuan

陕西师范大学出版总社

图书代号 SK16N1466

图书在版编目（CIP）数据

陈抟 / 胡晓著. —西安：陕西师范大学出版总社
有限公司，2017.1（2024.1重印）
（大家精要）
ISBN 978-7-5613-7156-5

Ⅰ. ①陈…　Ⅱ. ①胡…　Ⅲ. ①陈抟（约871—
989）—传记　Ⅳ. ①B959.92

中国版本图书馆CIP数据核字（2016）第302634号

陈 抟　CHEN TUAN

胡　晓　著

责任编辑　王西莹　彭　燕
责任校对　王淑燕
封面设计　张潇伊
出版发行　陕西师范大学出版总社
　　　　　（西安市长安南路199号　邮编 710062）
网　　址　http://www.snupg.com
印　　制　永清县晔盛亚胶印有限公司
开　　本　650 mm×930 mm　1/16
印　　张　10
字　　数　100千
版　　次　2017年1月第1版
印　　次　2024年1月第2次印刷
书　　号　ISBN 978-7-5613-7156-5
定　　价　45.00元

读者购书、书店添货或发现印刷装订问题，请与本公司销售部联系、调换。

电话：（029）85303879　　传真：（029）85307864　85303629

目　录

引　言

　　熟悉中国古代思想文化史的人，都知道三教九流这个词的所指。三教一般指儒教、道教、佛教，九流一般指儒家、道家、阴阳家、法家、墨家、名家、纵横家、杂家、农家。儒教和道教是中国的本土宗教，树大根深，源远流长；佛教是外来宗教，传入中国后亦逐渐本土化，成为中国文化的重要组成部分。九流是春秋战国时期形成的一些各具特色的重要学术流派，其思想渊源亦很久远，其代表人物均对中国文化产生了较大影响。

　　关于道家，西汉司马迁《史记·太史公自序》记载，其父太史公司马谈论六家要旨时说："道家使人精神专一，动合无形，赡足万物。其为术也，因阴阳之大顺，采儒、墨之善，撮名、法之要，与时迁移，应物变化，立俗施事，无所不宜，指约而易操，事少而功多。"既阐述了道家思想的性质和特点，更表明道家是一个会通包容诸家思想的学术流派。关于道教，南朝刘勰《灭惑论》称其"上标老子，次述神仙，下袭张陵"。老子是春秋时期道家学派的鼻祖；神仙是指春秋战国时期的神仙家，即方仙道；张陵是东汉时五斗米道的创立者，后称天师道。元马端临《文献通考·经籍考》在《道藏》书目下的按语称："道家之术，杂而多端。"这里的道家指道教，从道教经籍总集《道藏》来看，既包括有经戒、科仪、符图、炼养等宗教类典籍，亦包括道、儒、墨、名、法、阴阳、兵、医、杂等诸子百家的典籍，确实是五光十色，洋洋大观。鲁迅在致许寿裳的信中说："前曾言中国根柢全在道教，此说近颇广行。以此读史，有多种问题可以迎刃而解。"鲁迅等一批五四新文化人主张引进西学，对传统文化持否定批判态度，但亦不得不正视道教在中国古代社会中的特殊地位和主导作用。

本书的主人公陈抟是五代宋初的著名道士，在中国道教史和中国思想文化史上占有相当重要的地位。陈抟推出的图易学、内丹术和命相学，不仅在当时社会，而且在一个相当长的历史阶段内产生了深刻而久远的影响。陈抟是华山道教的一面旗帜，亦是武当山道教的祖师级人物，可以说是高道与仙山天人合一，交相辉映。陈抟还具有精醇的文艺天赋和深厚的学术素养，在诗歌、散文、书法、绘画等方面创作了一批意境技法堪称上乘的精品力作。还有那些野史、笔记、地志上记载的有关陈抟的奇闻轶事，那些散落在全国各地的有关陈抟的仙踪遗迹，留给了世人太多的迷思和玄想。让我们放下俗务，静下心来，穿越时空，一起去认识、领略、感悟谜一样的道教至尊"陈抟老祖"。

第 1 章

高道陈抟生平

陈抟（872～989），名抟，字图南，自号扶摇子，宋太宗赐号希夷先生，亳州真源（今安徽省亳州市谯城区，或河南省鹿邑县）人，一说普州崇龛（今四川省安岳县，或重庆市潼南县）人，五代宋初著名道士。他生于乱世，出身寒门，科举入仕的理想幻灭后，遂走上返本归真的修道之路，先入武当山辟谷清修，期间西游后蜀访道拜师，最后归隐仙逝华山，以"睡仙"著称，享年一百一十八岁，道门尊称"陈抟老祖"。

混乱黑暗的晚唐社会

陈抟出生时的晚唐社会，早已失去了盛唐气象，经过安史之乱的沉重打击后，国力衰弱，政治黑暗，尤其是藩镇割据、宦官专政、朋党争权，三大乱源，愈演愈烈，不可收拾。而广大民众生活在水深火热之中，衣食无着，性命不保，也必然要铤而走险，举义抗争。

安史之乱爆发后，朝廷为了抵御叛军进攻，将边地军镇制度扩展到了内地，重要的州设立节度使，指挥几个州的军事；

次要的州设立防御使或团练使，扼守军事要地。于是中原地区出现了不少节度使、防御使、团练使等大小军镇，以后又扩展到全国各地。朝廷对这些藩镇既要利用，又不太放心，在无力收回藩镇兵权后，只能采取笼络姑息的政策。这些藩镇逐渐成为独立王国，大者统辖十余州，小者统辖三四州，拥兵自重，不听朝命，不纳赋税；藩镇之间有时联合对抗朝廷，有时互相混战，此起彼伏，扰攘不休。

唐初宦官只主管宫内守卫、洒扫等事务，政治权力较小，中唐以后宦官的权力范围逐渐扩大了。安史之乱后，宦官不仅干政，而且掌握了朝廷军权、财权，逐渐使皇帝大权旁落。由于宦官掌握大权，藩镇多引为内援；宦官为了增强实力，以便控制皇帝，也多引藩镇为外援。两股势力勾结的结果是使皇帝形同傀儡，宰相、大臣更成了宦官的工具。从宪宗到唐亡，十个皇帝中，除了最后一个哀帝是藩王朱温所立，其余九个都是宦官所立，宪宗、敬宗死于宦官之手。

晚唐时期的朋党之争，通常被称为"牛李党争"，即牛僧孺为首的"牛党"与李德裕为首的"李党"的权力斗争。这场斗争从穆宗朝开始，经敬宗朝、文宗朝、武宗朝到宣宗朝，持续达四十年之久。斗争的结果是两党交互掌权，文宗朝两党参差并用，武宗朝是李党全盛时期，宣宗朝是牛党全盛时期。一党专权时，不问敌党有无人才，一律摒弃不用；不问敌党政策如何，一律排斥不取。朋党之争完全是门户之争、私利之争。宣宗以后，牛、李两党的领袖人物相继去世，但官僚之间的斗争并没有停息，而是以另外的斗争形式展开。本来朋党之争就受到宦官派系的影响，宣宗以后，宦官因"甘露事变"，感到内部斗争容易被朋党利用，便团结一致对付外朝大臣；由于内朝宦官抱成一团，外朝大臣也合为一体，于是内朝（北司）外朝（南衙）之争便取代了朋党之争。斗争的结果是宦官集团取得了胜利，"天下事决于北司，宰相行文书而已"。这种局面一直持续到唐末，昭宗采纳宰相崔胤建议，借藩王朱温力量铲除了宦官势力。宦官势力虽除，但中央大权却落入朱温手中，昭宗和崔胤等外朝大臣也相继被朱温所杀，唐朝离灭亡只有一步之遥了。

黑暗的统治，残酷的剥削，使挣扎在死亡线上的广大民众忍无可忍，纷纷举起了反抗暴政的大旗。

唐懿宗咸通元年（860），浙东裘甫率众起义，许多贫苦农民纷纷响应。起义军很快攻下象山、剡县，队伍发展到三万多人，推举裘甫为天下都知兵马使，立年号罗平，经过九个月的战斗，才被官兵镇压下去。

咸通九年（868），庞勋在桂林领导戍卒起义。被派到桂林戍守的徐州、泗州农民军，起义后一路北上，攻克宿州、徐州、泗州等地，切断江淮漕运，队伍发展到二十多万人，经过一年多的苦战，才被官兵镇压下去。

这两次起义，是唐末农民大起义的前奏。唐僖宗乾符二年（875），王仙芝在濮阳领导起义，起义军攻克濮、曹二州，队伍发展很快。不久黄巢率众响应。起义队伍在今山东、河南、湖北、安徽广大地区，连克州县，所向无敌。乾符五年（878），王仙芝战败牺牲，余部投奔黄巢。黄巢号称冲天大将军，率义军渡过长江，转战长江、闽江、珠江流域，先后攻占虔州、吉州、饶州、福州、泉州、潮州、广州等地。乾符六年，黄巢率义军从广州挥师北上，连克桂州、衡州、潭州，从采石渡江，攻下东都洛阳，又西破潼关，进占国都长安，唐僖宗逃往成都。黄巢在长安建立大齐政权，改元金统。但起义军流动作战，没有建立稳固的根据地，也没有彻底摧毁唐朝的地方政权和军事力量。就在黄巢称帝的同时，朝廷已调集各路兵马包围长安，并切断长安的粮食供应。而起义军内部组织开始涣散，有实力的部将自恃功高，不服从黄巢指挥，尤其是同州防御使朱温投唐，加剧了大齐政权的危机。中和三年（883），黄巢军与李克用等唐军激战后，被迫放弃长安向东撤退。中和四年，黄巢被唐军围困于泰山狼虎谷，自刎而死。

在镇压农民起义军的过程中，宦官和藩镇都利用战乱扩充自己的势力。当时掌权的宦官田令孜在起义军攻克潼关后，挟持僖宗逃奔成都，一切专断。他收养了不少义子，派他们分掌兵权，还派亲信到各地刺探消息，监视动向。朱温、李克用是战乱中崛起的新藩镇，他们比以前只满足于局部割据的老藩镇具有更大的政治野心。天祐四年（907），朱温废唐哀帝，自立为帝，改国号为梁，改元开平。历史由此进入了军阀混战、藩镇割据的五代十国时期。

陈抟诞生后面对的就是这样一幅兵戈扰攘、动荡不定的乱世景象。也许乱极思治，否极泰来，天降大任于斯人，他虽然没有实现"图南王天下"的政治理想，却担当起了中国文化复兴的历史重任。

生长在涡河岸边

涡河发源于今天的河南省原阳县境内，流经河南的扶沟、太康、鹿邑和安徽的亳州、涡阳、蒙城，至怀远县注入淮河。淮涡流域的文化底蕴很深，尤其是道家文化源远流长，影响深远。这一带散布着许多道家文化的遗迹，流传着不少道家人物的故事。陈抟生于此，长于此，受道家文化的熏陶甚深。他名抟，字图南，号扶摇子，均取自《庄子》首篇《逍遥游》：
"有鸟焉，其名为鹏，背若泰山，翼若垂天之云，抟扶摇羊角
而上者九万里，绝云气，负青天，然后图南，且适南冥也。"
这段话的大意是说有只鸟名字叫鹏，鹏的背像泰山，翅膀像天
边的云，乘着旋风而直上九万里的高空，超绝云气，背负青
天，然后向南飞翔，前往南海。抟有集聚成团的意思，扶摇指
旋风，图南象征远大的志向。陈抟的名似与《老子》《管子》
亦有关。《老子》第十章云："抟气致柔，能如婴儿乎？"《管
子·内业》云："抟气如神，万物备存。"这里说的都是道家的
修养功夫。

　　关于陈抟的出生，亳州一带流传着"十里荷花出陈抟"的
传说故事：话说李老君在兜率宫看到唐朝末年天下大乱，道教
衰落，忧心忡忡，想找个继承人，光复、中兴道教。于是他化
身下凡回到老家亳州，四处寻访也没有找到合适的人选。一
天，他骑着青牛出了亳州城南门，沿着开满荷花的宋塘河溜
达，走了十几里，见河边有一位戏水的美丽姑娘，宛如仙女下
凡一般。李老君眼前一亮，感觉心里有底了。于是他拿起宝葫
芦对着一朵硕大的莲花一指，莲花顿时变成了莲蓬头，落在水
面上，漂到了姑娘面前。姑娘捞起莲蓬头，清香扑鼻，遂剥开
把里面的莲子吃了。姑娘回到家里数月后，肚子渐渐鼓了起
来，父母请郎中给女儿把脉，郎中说姑娘害的是喜病。父亲恼
羞成怒，要将她投河，母亲心疼女儿，将她藏到亲友家。姑娘
后来生下了一个紫色肉团，家人觉得不吉利，偷偷把肉团扔到
宋塘河里。附近有位姓陈的渔民，在宋塘河一带打鱼为生，他
撒网碰巧捞起了那个紫色肉团，遂带回家中，放入锅里，准备
点火煮熟充饥。突然雷电大作，满屋震动，渔民十分害怕，将
紫色肉团捞出，丢在地上，肉团裂开，现出一个男婴。渔民收

养了他，并随自己姓陈，因为是从一个肉团裂出的，故取乳名团儿。

陈抟长到四五岁，天性纯朴，十分懂事，只是不爱说话。一天，他在涡河边玩耍，遇见了一位青衣媪，据说是一位仙姑，是来点化他的。青衣媪抱起了小陈抟，给他喂了奶，自此陈抟不仅口齿伶俐，而且聪慧过人。

陈抟长到七八岁，父母送他去塾馆读书。识字不多的父母请教书先生为他取学名，教书先生遂将他的乳名团改为抟，抟与团音相同，意思也相近，只是抟字更加文雅些。陈抟天资聪颖，勤奋好学，十四五岁时已经读了许多书，经史百家，一见成诵，悉无遗忘，并且诗也写得挺不错，深得教书先生的喜爱。

陈抟在传统经典学习中长大成人，也开始关注黎民百姓的疾苦。据说有一年亳州大旱，河水干枯，农田开裂，禾苗枯萎，陈抟带领乡民兴修水利，开挖了一条人工渠，将北边商丘地界的蓄水引下来，解决了灌溉问题，缓解了旱情，当地人将这条人工渠取名"陈治沟"。

陈抟还教会了乡民酿酒。《亳州志》记载的"希夷酒"，相传由陈抟创制。这种酒以当地红黏谷为原料，用涡河水蒸馏而成，酿造工艺简单易行，酒精含量少，饮之甘甜浓香，祛风驱寒，串皮活血，能延年益寿，是陈抟家乡有名的村酒。还有一种"希夷药酒"，据说亦是陈抟创制，他利用亳州当地的药材资源，酿制过程中加入十余味中药，能治疗多种疾病。这种"希夷酒"和"希夷药酒"，流传千载，至今不衰。

落第后的人生转向

晚唐五代时期，虽然干戈扰攘，社会动荡，但科举制度没有受到太大影响，所以陈抟的家人还是鼓励他走传统儒生的道路，跻身仕林，光宗耀祖；陈抟本人虽然早具超然尘外的慧根，不愿娶妻生子，但亦有经国济世的宏伟志向，所以他开始也是希望科场及第，改变门楣，一展抱负。

后唐明宗长兴三年（932），年过花甲的陈抟通过地方贡举，赴京都洛阳参加进士科的考试。进士科是科举考试中十分显赫的科目，报考者很多，录取率却很低，只有百分之一二，所以唐代即有"三十老明经，五十少进士"的说法，意思是说明经科容易，即使三十岁考中也已经算晚了，而进士科困难，即使五十岁考中也不算早。而在唐末五代，考官受权贵节制，进士科录取更加看中门阀地位，长兴三年只录取了八人。陈抟虽然优秀，但竞争激烈，加上他出身寒门，朝廷中没有靠山，自然"举进士不第"。

陈抟虽然落第，但他的出众才华和潇洒风度，还是受到了士大夫的追捧。后唐明宗李亶对陈抟也是欣赏的，亲自在皇宫召见他。陈抟长揖不拜，与众不同，明宗不以为忤，仍赐号清虚处士，并赏赐他三名宫女。陈抟对女色不感兴趣，对"危主"李亶的前途也不看好，便在下榻的礼贤馆写了一封谢书并赋诗一首，交给宫使转交明宗，随即悄然离去。谢书云："赵国名姬，后庭淑女，行尤妙美，身本良家，一入深宫，各安富贵。昔居天上，今落人间，臣不敢纳于私家，谨用贮之别馆。臣性如麋鹿，迹如萍蓬，飘然从风之云，泛若无缆之舸，臣遣女复归清禁。"又作诗云："雪为肌体玉为腮，深谢君王送到来。处士不生巫峡梦，虚劳云雨下阳台。"谢书大意是说这些宫女都出身良家，娴淑美丽，从民间召入皇宫，享受荣华富贵。而现在天子身边的宫女，来到为臣我下榻的馆舍，我诚惶诚恐，不敢接受留用。我性情如麋鹿喜欢山野，行踪如萍蓬漂泊不定，好像随风游荡的云朵，又像解缆离岸的孤舟，所以这些宫女不适合我，还是将她们送归皇宫为好。诗大意是说这些宫女肌肤雪白，容貌靓丽，深深感谢皇上将她们送到我的身边，但落第不仕的我对男女之情已经淡漠，所以只能将她们送回，辜负皇上对我的一片厚爱。

陈抟离开洛阳城，回到故乡。为了排遣科场失意的淡淡忧伤，更为了寻找新的人生方向，他独自一人出门游历。起初他在亳州附近转悠，到过鹿邑的太清宫、涡阳的石弓山、淮北的相山等地，以后越走越远，泰山、黄山、云门山都留下了他的足迹。在云游中，他写过一首《无题》诗："平生不作皱眉事，天下应无切齿人。断送落花安用雨，装添旧物岂须春。幸逢尧舜为真主，且效巢由作外臣。六十病夫宜揣分，监司无用苦开陈。"这首诗表明陈抟对科场落第仍然有些感伤，但年过六十的他已经打算告别科举入仕的儒生生涯，效仿尧舜时代的著名隐士巢父和许由。

在这次云游中，陈抟在山东青州云门山幸遇孙君仿、獐皮处士，他们志趣相投，一见如故，一连数天聊《易经》和老庄。两位高道见陈抟有道骨仙风，便指点他去武当山九室岩隐居清修。陈抟欣然从命，拜谢道别。

入武当山辟谷清修

武当山又称太和山，在均州和房州（今湖北省丹江口市）境内，自秦岭逶迤而来，处大巴山北脉，方圆八百里，山峦起伏，清泉飞鸣，古树参天，号称有二十四涧，三十六岩，七十二峰，千姿百态，景色秀美。相传武当山的保护神真武大帝曾在此山修炼四十余年，后得道飞升；又传说周代尹喜、王子乔，汉代马明生、阴长生师徒曾在此山修道，因此武当山是闻名遐迩的"仙山"。

大约在后唐末帝清泰元年（934），六十多岁的陈抟来到武当山九室岩。《舆地纪胜》称："山下有九室，唐置九室宫。山峦重叠，如墙如堂，穿云蹑蹬而上，古木苍翠，天风清冷，为房域幽丽最奇处。山多仙，南数里有仙宫寺，宋时陈希夷修炼于此，石基犹存。"陈抟在九室岩辟谷服气，潜心修道。辟谷服气是道教的传统功法，辟谷又称断谷、绝谷、绝粒、休粮，即不食五谷杂粮肉蛋蔬菜等日常食物；服气即是服天地自然之气，认为"食草者善走而愚，食肉者多力而悍，食谷者智而不寿，食气者神明不死"，"欲得生，肠中当清，欲得不死，肠中无滓"。为了保持体能，陈抟每天喝一点自己酿制的补酒。

陈抟在九室岩修道多年，著有《九室指玄篇》八十一章，用诗词歌诀的形式记述自己修炼内丹的心得体会。后周宰相王溥亦曾著八十一章，专门笺释《九室指玄篇》的内容。陈抟在九室岩还写过一首著名的《隐武当山诗》："万事若在手，百年聊称情。他时南面去，记得此岩名。"这首诗表明他虽然隐修九室岩，仍然关注现实社会，并且还怀有图南王天下的雄心壮志。后来宋初有一位名叫张士逊的官员，人称张邓公，均州光化人，他读到了这首诗，将"南面"改为"南岳"，并在诗后题道："藓壁题诗志何大，可怜今老华图南。"意思是说，陈抟当年在九室岩题诗，图南王天下的志向那么大，可惜现在隐居华山，不问世事，已经步入人生的暮年。

陈抟后来从九室岩迁到五龙观自然庵，这里传说是汉代马明生、阴长生师徒炼太阳神丹的地方。据说陈抟经常在五龙观诵读《易经》，感动了五炁龙君，因而传授他蛰龙法，也就是陈抟后来"高卧华山"的睡功。这自然是神话传说，陈抟可能是在五龙观修道时遇到了一些身怀绝技的深山高隐。陈抟收入《道藏》洞真部玉诀类的《阴真君还丹歌注》，可能写于隐居武当山五龙观时期。陈抟虽然隐居五龙观，但"声誉远著，倦于迎待"。他的名气越来越大，山外来看他的人挺多，迎来送往，疲于应付，不利于清修，所以后来又迁了几次地方，如诵经台、白云岩等。

陈抟在武当山隐修多年，《宋史·陈抟传》称有二十多年。实际上没有这么多年，其间他曾长期外出访道，主要是西游后蜀。

西游后蜀访道拜师

陈抟曾在孟昶统治下的后蜀长期访道游历，成都府、普州、邛州、嘉州、荣州、资州、遂州、彭州等境内，青城山、峨眉山、鹤鸣山、邛崃山、荣德山等名山，都留下了他的足迹，"图南仙踪""陈抟炼丹处"等遗迹比比皆是。如四川省安岳县至今仍保留着他的《自赞碑》："一念之善，则天地神祇祥风和气皆在于此。一念之恶，则妖星厉鬼凶荒札瘥皆在于此。是以君子慎其独。"他在后蜀访道，结交了不少道友，如青城山道士陈花子，常剪纸花换钱，买酒与陈抟对饮聊天。陈抟在后蜀长期游历，声望较高，甚至下层民众都知道他，如成都艺妓单氏曾题诗赠他："帝王师不得，日月老应难。"

后晋高祖天福二年（937），陈抟在邛州天庆观拜都威仪何昌一为师，学习"锁鼻术"，这一高深道术与他在武当山修炼的"蛰龙法"异曲同工。陈抟曾写诗表达对恩师的敬意："我谓浮荣真是幻，醉来舍辔谒高公。因聆玄论冥冥理，转觉尘寰一梦中。"大意是说我喝醉了酒，解脱了理智的束缚，感觉浮华的世界是虚幻的，不真实的，因此去拜访恩师，聆听教诲，恩师高深的道论，使我如梦初醒，大有领悟。五代著名道士谭峭亦曾拜何昌一为师，著有《化书》六卷，与陈抟相交好。

陈抟在普州崇龛长期隐修，因为他，许多地方在后世成了名胜古迹，如钦真观，据说是陈抟旧居；真相寺，为敬祀陈抟所建；二仙堂绘有陈抟和赵缩手的画像；破石井，据说是陈抟相地脉所开掘。此外，许多与陈抟有关的事物也流行并流传了下来，如铁山枣、崇龛梨、天池藕等，据说均是陈抟亲手栽种的。由于陈抟在普州崇龛留下的遗迹甚多，所以北宋李宗谔编纂的《普州图经》、南宋王象之的《舆地纪胜》、祝穆的《方舆胜览》，均认为陈抟的故里在普州崇龛，而亳州、洛阳、华山等地都是他后来居住的地方。但北宋杨亿的《谈苑》、王偁的《东都事略》、司马光的《资治通鉴》、元代脱脱等编纂的《宋史》，仍然认为陈抟的故里在亳州真源。宋代以后的道教界也普遍认为陈抟的故里在亳州真源。这两种说法至今仍争讼不已，并且对陈抟故里在真源或崇龛的确切位置也有各种说法，今天安徽、河南、四川三省和重庆市均在争陈抟故里，这种现象从一个侧面反映了陈抟的重要价值和深远影响。

陈抟长期在后蜀游历，对后蜀的感情较深，他定居华山后，仍然有一些后蜀的朋友去看望他。如遂宁县柏子镇庞君去华山探望，陈抟请他吃梨，庞君携梨核返回故里后栽种，后来就成为遂宁有名的土特产柏子梨。彭州北城胡剑经过华山，前去拜望，陈抟很高兴，特意烧制了一鼎丹药，让他带回去服用，并传授他延年益寿的法诀。据说舍人刘光祚进贡孟昶的蟠桃核酒杯，亦得自华山陈抟。陈抟仙逝前，仍然想去峨眉山一游。

隐居华山云台观

西岳华山地处秦岭东段，位于华州（今陕西省华阴市）境内，自古就以奇险著称。东有朝阳峰，南有落雁峰，西有莲花峰，北有云台峰，中居玉女峰，五峰环列似花瓣，峰下郁郁葱葱的林木像绿叶，整个华山宛如一朵平地拔起的奇葩。"花"字古通"华"，故名华山，因其西有少华山，又称太华山。华山险峻难攀，自古就有"华山一条路"的说法，山势峥嵘，峭壁林立，鬼斧神工，叹为观止。

华山雄奇险峻，超绝尘寰，隔断凡俗，所以自古就有不少高人隐士在此修行。据说战国时已有神仙家在此栖息修真；秦时茅濛在此羽化登仙，他的曾孙茅盈三兄弟隐居句曲山（后改名茅山），成为茅山道教的开山祖师；北魏时著名道士寇谦之在此修炼，采药服饵；北周时道士焦道广居云台峰，习辟谷术，为楼观道重要传人；又有道教学者韦处玄，号华阳子，在此注解《道德》《妙真》《西升》诸经典；唐代金仙公主在此修道，唐玄宗为其修建仙姑观、白云宫等。

大约在后晋出帝开运至后汉隐帝乾祐年间（944~950），七十余岁的陈抟从武当山白云岩迁华山云台观。关于这次迁居西岳华山的原因，道教界有一种说法：一天夜里，陈抟伫立在庭间，隐约看见一个持剑的金甲神人对他说："你的蛰龙法已经练成了，应当有归成之地。"陈抟问："何谓归成之地？"金甲神人说："归成之地，盖指秋为万物收获之所归也。"陈抟因此悟到，他应当归隐于西方，高卧华山。因为按照五行理论，东方属木配春，南方属火配夏，中央属土配长夏，西方属金配秋，北方属水配冬。这个说法神话色彩较浓，一般的说法还是"声誉远著，倦于迎待"，因为华山比武当山险峻，一般人不容易上去，世俗的干扰较少，可以专心致志地隐修悟道。

云台观自古就有高人隐士修道，曾经是楼观道的道场。陈抟上去后将周围的荒草荆榛除掉，在古观基址上搭建了一个简单茅棚，用以遮风避雨，生活十分清苦，但精神逍遥自在。最初的几年，这里人迹罕至，空灵静谧，只有清风明月，鸟语花香，陪伴着优哉游哉的睡仙陈抟。陈抟高卧华山，隐于睡，小则亘月、大则经年方一觉。一次，有位客人来拜访陈抟，正碰上他在酣睡。旁边有一位道士在聆听他的气息，并用毛笔记录下来，满纸涂得像天书一般。客人不解地问那位道士："这是什么？"道士说："这是陈抟先生的华胥调、混沌谱啊！"意思是说，陈抟的气息已经像天籁一样，合于自然，融入大道了。但当时陈抟名声在外，又"明皇帝王霸之道"，所以很难长时期完全避开统治者的注意。如何处理宗教与政治的复杂关系，是隐居华山的陈抟不得不慎重考虑的现实问题。

后周世宗诏令入朝

后周显德三年（956），华州州将罗彦威将陈抟隐居华山的消息报告给后周世宗柴荣，柴荣因为"四方未服，思欲牢笼英杰"，同时他本人喜好道教黄白术，因此命华州地方官派人将陈抟送到京都开封。陈抟此时已八十多岁，虽然有经国之才，图南之志，但饱经五代战乱鼎革之世，深谙朝政宦途的凶险莫测。他知道柴荣年轻有为，发奋图强，有王者气象，然而当时藩镇割据，社会动荡，内忧外患，干戈扰攘，后周江山恐难以长久，因此打定主意不理政事，乞归华山。

柴荣听说陈抟有奇才远略，是不得志而隐，在民间享有很高的声誉，因此急欲招至麾下为其所用。因为对统治者来说，在乱世争雄中，把这样的"人中龙"放在外面，是不太放心的，如果能留在朝廷，为"帝王师"，则是再好不过了。所以柴荣在皇宫大殿上召见陈抟，礼遇甚隆，并封他为谏议大夫。然而陈抟去意已决，固辞不受，并呈诗表明心迹："草泽吾皇诏，图南抟姓陈。三峰十载客，四海一闲人。世态从来薄，诗情自得真。乞全麋鹿性，何处不称臣。"

柴荣欣赏陈抟淡泊名利、追求自由的隐者风范，但暂时不能放他归山，还要留他在皇宫继续考察他有无异志。他听说陈抟在华山常闭门高卧，累月不起，有些半信半疑，遂派人送他去内室休息。陈抟果然关门闭户，一睡不起。柴荣几次去探望，只见他依然熟睡不醒，只得摇头走开，心想这个贪睡的老仙翁，确实有点不适合在朝廷参政议事。陈抟睡了一个多月才起身，又写了一首《睡歌》呈送给周世宗："臣爱睡，臣爱睡，不卧毡，不盖被。片石枕头，蓑衣覆地，南北任眠，东西随睡。轰雷掣电泰山摧，万丈海水空里坠。骊龙叫喊鬼神惊，臣当恁时正鼾睡。闲想张良，闷思范蠡，说甚曹操，休言刘备，两三个君子，只争些闲气。怎似臣，向清风岭头，白云堆里，展放眉头，解开肚皮，且一觉睡。更管甚玉兔东升，红轮西坠。"

柴荣见陈抟确实是个方外高人，对权势地位、荣华富贵看得很淡，因此向他请教道门黄白术。陈抟知道历史上不少帝王希望长生不老、江山永驻，因此热衷于黄白术，即烧炼服食外丹，但结果往往适得其反，不仅不能长寿，反而短命，这主要是丹砂、黄金、铅汞、硫黄等石药原料的毒性所致。外丹的毒副作用逐渐为隋唐以来一些道士所认识，因此主张用内丹修炼取代外丹服食，至唐末五代更是将内丹术推向了高潮。陈抟是内丹术的代表人物之一，但他知道奋发进取的柴荣不适合内丹修炼，更不愿用外丹方药害君误国，因此委婉地表示："陛下为四海之主，当以治国平天下为己任，没有必要把精力和心思放在黄白术上。"柴荣听听也觉得有道理，就没有再问下去。

柴荣知道陈抟是易学大师，精通占卜术数，因此请陈抟为他本人的前途和后周的国运预测一下。陈抟知道这是个敏感问题，说实话可能引祸上身，不说实话又有欺君之嫌。他掐指算了一会儿，拿笔在纸上写下十六字隐语："好块木头，茂盛无赛。若要长久，添重宝盖。"柴荣见词意挺好，便没有多问。实际上这段话暗藏玄机，柴荣两个字都含木，茂盛无比，表明他奋发有为，是一代明君，但后周江山不一定能长久，若要长久，则需在木字上加个宝盖，指后来绵延三百多年的大宋王朝。这十六个字可能是后人附会，用以神化陈抟。

柴荣十分欣赏陈抟的超人智慧和才华，还是想用京城的繁荣富足留住他，因此便说："京师条件优越，应有尽有，你应该留下来辅佐寡人，享受人生，完全没有必要回到山里去过清苦日子。"陈抟感谢柴荣的厚爱，但仍认为京师的环境不适合他，便答道："鸟兽栖于山林，鱼鳖游于江湖，各有各的命运，各有各的乐趣。"陈抟后来又写了一首《叹世诗》呈给柴荣："南辰北斗夜频移，日出扶桑又落西。人世轻飘真野马，名场争扰似醯鸡。松篁郁郁冬犹秀，桃李纷纷春渐迷。识破邯郸尘世梦，白云深处可幽栖。"大意是说夜晚天上的星辰不停地转动，白天太阳从东方出来向西方落去，大自然的变化遵循着一定的规律。而人世间的轻浮躁动真像是失去控制的野马，争名夺利的凡夫俗子像泡在醋缸里的斗鸡。松竹在寒冷的冬天依然郁郁葱葱，桃李在明媚的春光中竞相绽放，大自然的造化多么令人神往。我已经看透了人世间的荣华富贵，不过是《枕中记》中卢生的邯郸一梦，只有华山的"白云深处"，才是老夫避世修真的栖息地。柴荣见陈抟确实看破红尘，厌恶浊世，想过逍遥自在的隐士生活，对自己的统治并没有什么威胁，因此赐他为"白云先生"，放他归山，并诏令华州地方官吏照顾好陈抟的日常生活，经常去看望请教。

后周显德五年（958），成州刺史朱宪陛辞朝赴任。柴荣让他带上丝帛五十匹、茶叶三十斤，顺道去华山看望陈抟，以表示关怀和挂念。

与赵匡胤兄弟交往故事

据说陈抟很早就认识赵匡胤、赵匡义兄弟，并且已经看出他俩有一统天下的帝王气象，如"两个天子一担挑""一文钱难倒英雄汉""弈棋赢华山""长安会二主""双日现真龙"等民间传说，说的都是宋朝开国前陈抟与赵匡胤、赵匡义交往的故事。这些故事，很难说是信史，主要是为了神化陈抟，当然也是为了神化赵氏兄弟。

"两个天子一担挑"说的是：五代后唐末年，北方的契丹大举侵犯中原，干戈扰攘，民不聊生，百姓流离失所，拖儿带女纷纷南逃。一天，隐居武当山修炼的陈抟忧心忡忡，决定下山看看逃难的民众。在一条大路上，他看见一位中年妇女，挑着两个竹筐，一边坐着一个男孩。他一眼就看出这两个男孩非同凡响，有帝王气象，遂慈颜微笑，拦住那位妇女。那位疲惫不堪的妇女放下担子，一边擦着汗水，一边怯怯地问："仙师有何指教？"陈抟拱手道贺道："夫人好福气！"妇女不解地说："夫君在军中无暇顾及家眷，我们母子三人逃难至此，衣食无着，性命不保，哪有什么福气？仙师为何出此戏言？"陈抟没有多说，拿出些银两，周济那位妇女，让她好好抚养两个孩子。陈抟随后面对过往的人群，开口吟道："谁说当今无真主，两个天子一担挑。"说完飘然而去。这两个男孩就是后来的宋太祖赵匡胤和宋太宗赵匡义，那位妇女就是后来的杜太后。

"一文钱难倒英雄汉"说的是：一天，陈抟正在华山高卧，忽然耳热眼跳，掐指一算，未来的天子有难，已经来到华山脚下。原来赵匡胤在家乡打死了人，闯下大祸，官府到处捉拿，他东躲西藏，潜逃至此。陈抟装扮成农夫，挑起两筐桃子下山，迎面碰到赵匡胤。赵匡胤饥饿难耐，便问道："老人家，你挑的桃子能卖点给我吃吗？"陈抟说："我的桃子本来就是卖的，你吃吧。"赵匡胤饥不择食，狼吞虎咽地吃起来。过了一会儿，赵匡胤抬起头来，问道："我吃了多少桃子？要多少钱？"陈抟说："你这个大汉真能吃，吃了半大筐，没个数。图个吉利吧，我只要一文钱。"赵匡胤很高兴，可浑身一摸，一文钱也没有。他羞愧难当地望着陈抟，纳首便拜。陈抟急忙扶起他，长叹一声道："真是一文钱难倒英雄汉啊！"陈抟定定地看着赵匡胤说道："看你五官气色，有凶祸在身，好比龙困泥沼，虎落平阳，处在命运的转折点上。我看你是一条好汉，给你指一条出路，不知意下如何？"赵匡胤感激地说："请予赐教。"陈抟说："当今天下大乱，自古乱世出英雄。柴荣正在潼关招兵买马，你可去投奔他，日后必能大富大贵。"赵匡胤叩首谢恩，告别陈抟，投奔柴荣麾下，很快受到柴荣的赏识和重用。

"弈棋赢华山"说的是：赵匡胤在柴荣军中，一日闲来无事，忽然想起恩人卖桃老人，便跨马提刀，带了不少银两前往华山谢恩。他到处打听卖桃老人的下落，可无人知晓。他后悔当时没有问清楚卖桃老人的姓名住址，只好信马由缰，不知不觉来到了玉泉院。赵匡胤下马走进道观，只见香烟缭绕，清静宜人。一位老道从里面迎出来，鹤发童颜，神清气爽。赵匡胤抱拳作揖道："晚辈打扰了。"老道双手合掌说："贵人驾到，敝观荣幸。"赵匡胤坐下喝茶，见石桌上摆着一副棋盘，便问道："老仙翁喜欢下棋?"老道说："会下，但棋艺不精。"赵匡胤便邀老道下棋，老道说："下棋如能一局一两银子，方更加有兴味。"赵匡胤自恃棋艺高超，便说道："愿意奉陪。"两人便下了起来。第一局老道赢了，第二局老道故意输了，说道："今天有缘相会，我们到山顶上下棋如何?"赵匡胤赢了一局，正在兴头上，认为老道棋艺不过如此，便欣然应允。老道前头带路，上到东峰，过了"鹞子翻身"，来到一处孤岭的顶端，只见四周尽是悬崖绝壁，深不见底。赵匡胤连称："妙哉，妙哉!"老道说："此处乃汉时卫叔卿博台，在此下棋颇有雅趣。"两人随即摆好棋盘，对弈起来。一局、二局、三局，赵匡胤局局皆输，越输越急，银子、马匹、战刀全都输光了。老道不愿下了，可赵匡胤却不干，要求再下最后一局。老道说："那你准备输什么?"赵匡胤身上已无物可输，望了望眼前的华山胜景，信口开河地说："我俩赌华山，我输了，华山全归你。"老道说："此话当真?"赵匡胤说："一言为定。"老道说："我要输了，把赢你的所有东西如数奉还。但你赌华山口说无凭，得立字为证。"赵匡胤心想这华山又不是我的，输了又何妨，我若赢了，不就等于一局都没输吗?于是满心欢喜地写下文约，二人又摆好了棋盘。这一局赵匡胤下得很认真，结果还是输了，无可奈何地说："你真是神仙，我算服了。"老道稽首道：

"谢主隆恩。"赵匡胤一怔，问道："你说什么?"老道说："我主日后必为九五之尊，封贫道为神仙，故而谢恩。"赵匡胤顿时后悔起来，心想我如果是真命天子，还未登基就输了华山，这华山以后就不归我管了，太没面子了。他忙伸手去抢文约，不料不但文约没抢到手，反而在文约上留下了指印。老道哈哈大笑道："我主既写了文约，又按了手印，君无戏言啊。"赵匡胤见无法挽回，便指着树木说："华山我卖给你了，但树我不卖。"老道这时才挑明道："我就是你要找的卖桃老人，姓陈名抟。"赵匡胤惊喜异常地说："不知仙翁就是恩人，请受我一拜。"陈抟忙扶起他："君不拜臣，万万不可。"遂将战马、军刀、银两等物品全数归还赵匡胤，说道："弈棋如对阵，在战场上恃能轻敌，很容易招致失败。"赵匡胤牢记教诲，下山而去。从此在民间流传着这样的歌谣："山是道家山，树是皇家树。华山不纳粮，不准乱砍树。"

"长安会二主"说的是：陈抟在华山一觉醒来，望见长安上空有两股天子气，知道赵匡胤、赵匡义兄弟在长安城盘桓，遂骑驴下山，直奔长安。这时赵匡胤、赵匡义兄弟和一位名叫赵普的好朋友正在长安街市上闲逛。陈抟翻身下驴，拦住他们，大笑不已，拉着赵匡胤手说："将军还记得华山顶上的弈棋吗?"赵匡胤连忙施礼道："恩师教诲，铭记在心，没齿难忘。"陈抟说："今日幸会，机会难得，我想请你们兄弟二人去喝酒，怎么样?"赵匡胤指着赵普说："他是我们最要好的朋友，带上他吧。"陈抟看了看赵普说："也好，缺了他，还成不了一席。"四个人一同走进一家酒楼，找到一间僻静的雅座。赵匡胤对陈抟说："恩师德高望重，请上座。"陈抟连忙推辞道："贫道乃是一介草民，岂敢妄据上座。将军日后当受天下朝拜，还是将军请。"赵匡胤推让不过，只好拱手致谢道："恭敬不如从命，在下只好斗胆就座了。"说完，赵匡胤就在上座坐下来。赵普因为走累了，随便就在赵匡胤的左边一席坐下来。按照古代的礼制，这是犯忌的，所以陈抟怒斥赵普说："你虽然有贵人之相，但只不过是紫微帝星旁边的一颗小星而已，怎敢擅自坐在左边席位呢！"赵普只好赶忙站起身，把左席让给了赵匡义。坐定后，四个人开怀畅饮，相谈甚悦。

"双日现真龙"说的是：后周世宗柴荣病死后，留下年仅七岁的恭帝柴宗训和二十多岁的后周太后，实权掌握在殿前都点检、归德军节度使赵匡胤手里。一天赵匡胤派他的心腹去请教陈抟："赵将军的君临天下之日应在何时？"陈抟想了想，慢慢说道："猴虎初四逢，双日现真龙。"后周显德七年（960），赵匡胤率兵北征，大军进至开封以北的陈桥驿。军中善观天象的苗训看到夕阳残照，云气环绕，空中出现一明一暗两个太阳，便对帐中亲吏楚昭辅说："你看天上有两个太阳吧，被遮蔽的太阳是后周，如今气数将尽；而发着光芒的太阳，就是都点检赵将军，这是改朝换代的征兆。"这个消息在军中传得很快，一群部将拥进赵匡胤营帐中，将事先准备好的黄袍披在赵匡胤身上，跪倒在地，高呼万岁，此即历史上有名的"陈桥兵变"。大军班师回朝，迫使柴宗训让位，改国号宋。赵匡胤于正月初四日正式登基，史称宋太祖，改元建隆，建都汴梁（今开封）。这应了陈抟"猴虎初四逢"的预言，建隆元年为庚申年，即猴年，正月是戊寅月，即虎月。当然陈抟的预言很可能是后人附会的。

婉拒宋太祖征召

陈抟虽然高隐华山，不愿出仕，但他负经世之才，厌五代之乱，每闻一朝革命，都要皱起眉头，闷闷不乐好几天。他希望有"真龙天子"出现，奠定国本，天下归心，早日结束五代十国分崩离析的混乱局面。

一天，他骑着毛驴在华阴街头闲逛，听到路人说："赵匡胤在开封当皇帝了。"他十分高兴，大笑坠驴。路人问他为何这么兴奋，他乐呵呵地说："天下这回安定了。"因为赵匡胤就是他心目中一统天下的"真龙天子"。

不过，他对于宋太祖赵匡胤的征召赴朝则采取了婉辞回避的态度。陈抟知道宋太祖和周世宗不一样，如果他去了开封，很可能就回不来了。自己已经年近九旬，长时间在深山野岭中修身养性，华山应该是自己的归成之地，而赴朝出仕并不适合自己。况且"伴君如伴虎"，即使是明君英主也是不容易相处的，同时，和皇亲权臣们相处可能更为困难，他不愿意陷入政治斗争的漩涡中，宁愿做个逍遥自在的山野隐士。

陈抟虽然婉辞入朝，但还是十分关心大宋王朝的安危，据说宋太祖尽收藩镇兵权的重大举措，就是采纳了陈抟的建言献策。唐末五代的长期混乱局面，与皇权衰落、藩镇跋扈有着很大的关系，而藩镇跋扈主要依靠的就是手中的兵权。尽收藩镇兵权，增强中央实力，对大宋王朝的长治久安，确实意义重大。

据说宋太祖曾派钦差大臣前往华山，向陈抟请教宋朝的国运前途。陈抟提笔写了八个字"一汴二杭三闽四广"，让使臣带回去，但不愿解释，表明天机不可泄露。有人猜测，这是陈抟预知宋朝将步步南迁，由汴州（今开封）至杭州，再至福建，最后到广东崖山而灭亡。这八个字可能是后人为了神化陈抟而编造的。

与道门师友的交往

陈抟归隐华山，潜心修道，不太愿意与统治者打交道，而与道门一些师友如麻衣道者、钟离权、吕洞宾、孙君仿、獐皮处士、苏澄隐、谭峭、李琪等倒是有不少交往。

麻衣道者，不知其姓名，不知其父母，亦不知其是哪里人，也有材料说他姓李名和，道号初阳，内乡（今河南省内乡县）人。"生而神异，绀发美姿"。稍长，厌世浊腐，入终南山访道，遇文始（尹喜）派高隐传以道要及相法，命往南阳湍水旁灵堂山隐修，洞居十九年，冬夏恒穿麻衣，故号麻衣道者。麻衣道者与佛教亦有较深关系，常以僧人打扮劝世度人，"人问其甲子修短，及卜前因未来，皆书画于纸，其言为接引世俗明了本性，大抵戒人归于为善杜恶"。麻衣道者对易学也造诣精深，著《正易心法》，开创宋代图易学的先河。麻衣道者还是命相学大师，以其名字命名的《麻衣相法》，是明清时期最为流行、最有影响的相学典籍。陈抟曾跟随麻衣道者隐修多年，对老师十分尊敬，称赞麻衣道者"道行高洁，学通天人，至于知人，尤为有神仙之鉴"。陈抟隐居华山后，与麻衣道者仍然有来往。《邵氏闻见录》《湘山野录》《宋人轶事汇编》等野史笔记中论述了这样一件事：钱若水将要参加科举考试，到华山去见陈抟。陈抟见其有道骨仙风，想劝他放弃仕途，改入道门，但又有些吃不准，便想请师父麻衣道者来见见钱若水，于是对钱说："你明天再来一趟。"第二天，钱若水按时来了，见陈抟和一位闭目养神的老者围着炉子烤火，就向老者作揖打招呼。老者微微睁开眼睛，看了看钱若水，久久没有说话，随后用火炉旁的一只筷子，在地上的炉灰上写了"做不得"三个字，慢慢说道："急流中勇退人也。"陈抟十分尊敬麻衣道者，没有再坚持原来的意见。后来钱若水登第入仕，四十岁即任枢密副使，不过能够急流勇退的人，离修道者也不远了。

钟离权，字云房，号正阳子，燕台（今河北省易县东南）人，一说京兆咸阳（今陕西省咸阳市）人。长相俊异，"顶圆额广，耳厚长目，深鼻耸口，方颊大唇，脸如丹乳"。少攻文学，及壮仕后晋，后来出任将军。在一次统兵对西北土蕃作战中兵败，逃入深山里，偶遇一胡僧，被指引入东华帝君王玄甫门下，得"授以长生真诀、赤符玉篆、金科灵文、金丹火候、青龙剑法"。隐修多年，丹道大成，成为钟吕内丹道的开创者，后又成为"八仙"传说中的著名神仙，在道教史和民间都影响很大。曾在长安经过"十试"，度化吕洞宾，授以"大道天遁剑法、龙虎金丹秘文"。陈抟是钟吕内丹道的重要传人，钟离权是陈抟的祖师，并且曾从终南山到华山来看望陈抟。《历世真仙体道通鉴》中记述了这样一件事：陈尧咨科举及第后，到华山来看望陈抟，见陈抟屋中坐着一位道士打扮的长者，气宇轩昂，风姿英爽，望着陈尧咨连呼"南庵"，随即起身离去。陈尧咨迷惑不解，向陈抟问道："这位道长是何人也？"陈抟回答说："钟离子也。"陈尧咨久慕钟离权大名，欲出门去追。陈抟笑着说："已在千里之外了。"陈尧咨问陈抟："南庵是什么意思？"陈抟说："以后你自己就会知道。"

吕洞宾，名岩，字洞宾，号纯阳子，自称回道人。世为河中府永乐（今山西省芮城县）人，一说京兆（今陕西省西安市）人。祖辈、父辈多为朝廷命官。据道门记载，吕洞宾生于唐德宗贞元十二年（796）丙子四月十四日。"少聪敏，日诵万言"。唐文宗开成二年（837），擢举进士第。一说唐武宗会昌年间（841~846），两举进士不第。落第后在京都长安城酒肆中遇钟离权，经"十试"点悟入道；一说落第后因游华山遇钟离权点悟入道。钟吕内丹道门廷广大，枝繁叶茂。吕洞宾后以"剑仙""酒仙"著称，成为"八仙"传说中影响最大的神仙。吕洞宾是钟离权的大弟子，与陈抟亦师亦友，经常来华山看望陈抟，并且把钟吕内丹道的秘诀《无极图》传给陈抟。据说陈抟曾将《无极图》刻于华山石壁上。《太华希夷志》中记述了一件陈抟在华山与吕洞宾交往的轶事：陈尧佐任华州刺史，到华山来看望陈抟，两人正说着话，见一道士踏进门来，神采俊逸，气度不凡。陈抟见到他，十分高兴，热情款待，和那道士开心地聊了起来。过了一会儿，那道士从豹囊中取出一枚枣子递给陈尧佐。陈尧佐推辞没有接。陈抟站起来，接过枣子放进嘴里。两人又聊了一会儿，道士告辞，陈抟将他送出观外。陈抟回屋坐下，陈尧佐问："这位道士是谁？"陈抟说："吕洞宾。"陈尧佐闻后有些诧异，懊悔刚才没有接那颗枣，坐在那里久久没有说话。

孙君仿、獐皮处士曾指点陈抟到武当山九室岩修炼，陈抟到华山后与他们仍有交往。《玉壶清话》中记述了一段陈抟与孙君仿、獐皮处士及苏澄隐、丁少微结伴云游的轶事：宋太祖赵匡胤讨伐北汉归来，经过真定，巡幸龙兴观。道士苏澄隐恭迎圣驾。苏澄隐年过耄耋，霜简星冠，精神矍铄，宋太祖延问有加。苏澄隐说："刚与华山道士陈抟、丁少微结游于关、洛，途中遇到了孙君仿、獐皮处士。"宋太祖问："习得什么道术？"苏澄隐对曰："臣习得长啸引和之法。"宋太祖令苏澄隐演示一下，苏澄隐遂演示长啸，其声音清入杳冥，绵延不绝。太祖沉默不语，闭目养神，很长时间才睁开眼睛，长啸声依然余音绕梁，婉转动人。宋太祖十分惊异，遂问其导引之法、养生之要，苏澄隐回答道："圣上养生与贫道不同。老子曰：我无为而民自化，我无欲而民自正。无为无欲，凝神太和。黄帝、唐尧所以延年益寿，国泰民安，就是深谙此道也。"宋太祖十分高兴，遂赐号苏澄隐颐素先生。

谭峭，字景升，泉州（今属福建省）人。父谭洙为唐国子司业。幼而聪明，及长，颇涉经史，问无不知，文章清丽。但不从父命以举进士为业，喜好黄老、诸子及《穆天子传》《汉武帝内传》《茅君列仙内传》等方家奇书。后出游终南山，又游历太白、太行、王屋、嵩、华、泰诸名山，矢志慕道，潜心修炼。师从嵩山道士十余年，得辟谷养气之术；又拜邛州天庆观高道何昌一为师，学习锁鼻术，与陈抟为同门师兄弟。晚年隐居终南山，著《化书》六卷，分道、术、德、仁、食、俭六化，共百十篇，穷括化原，申扬道义。陈抟再传弟子陈景元曾在《化书》的后记中谈到师父张无梦告诉他的一件事：我拜师陈抟先生时，有一次先生诵读《化书》至《稚子篇》时，合上书本对我说：我的同门道友谭峭在终南山隐修时，开始写作《化书》。后来游历三茅，在南唐首府建康遇见宋齐丘，见其有道骨仙风，虽溺于机巧，但毕竟不同常人，遂称引《稚子篇》以授之。然而宋齐丘悟性不高，没有听懂，谭峭只好拿出《化书》交给宋齐丘说道：是书之化，其化无穷，愿子序之，流于后世。随后悄然离去。但没想到，宋齐丘后来将《化书》窃为己有，这就像当年向秀述《庄子》解义未传而死后，郭象将向秀解义偷改成注，占为己有，真是罪人哪！今日谭君名刻于白简，身不老于人间，宋齐丘敢纵其盗心，蔽师仙迹，其罪大也，恐怕不得好死啊！

华阴隐士李琪，自言唐开元中郎官，年寿甚高，颜有童色，一般人很难见到他。而他则喜欢与陈抟交游，常来华山，同饮唱和。

《历世真仙体道通鉴》记述了一段陈抟与壶公、赤松子、吕洞宾在华山饮宴和诗的轶事，虽未必是信史，但诗意挺好，故录下供读者欣赏。陈抟曰："春暖群花半开，逍遥石上徘徊。曾重玉勒金阙，闲踏青沙碧苔。洞中睡来几载，流霞独饮千杯。逢人莫说人事，笑指白云去来。"壶公曰："壶中自有楼台，四季群花竞开。闲时即饮琼液，醉后或卧青苔。逍遥非关名利，落魄不染尘埃。逢人莫说人事，笑指白云去来。"赤松子曰："乍离南山竹斋，因过旧隐天台。洞中美酒才熟，路上群花半开。我骨非是凡骨，君才亦是仙才。逢人莫说人事，笑指白云去来。"吕洞宾曰："落魄直至此来，曾经几度花开。闷便著钱沽酒，恣意千杯万杯。闲游八十一天，醉上茅君醮台。逢人莫说人事，笑指白云去来。"

在华山收徒传道

陈抟高隐华山，不理尘事，但声名远扬，愿意拜他为师的人很多。陈抟并不轻易收弟子，更不轻易传道术，直接得到他亲传的，也就种放、贾德升、刘海蟾、张无梦、金砺、杨宸、寇朝一等数人。

种放，字明逸，洛阳（今河南省洛阳市）人。成年后与母亲隐居终南山豹林谷，闻陈抟高名，遂前往华山拜见。一日，陈抟让人洒扫庭除，说"今天有嘉客来"。种放到后以樵夫状拜于庭阶下。陈抟扶起他，挽着往上走，说道："君哪里是樵者？二十年后当为显官，名声闻于天下。"种放说："我是为求道义而来，官禄不是我所关心的。"陈抟笑着说："人的贵贱命中注定，贵者不可为贱，贱者也不可为贵。君骨相如此，虽晦迹山林，恐怕也很难安心，以后你就会知道的。"陈抟还对种放说："你以后时逢明君，不假进取，迹动天阙，名驰寰海。不过名虽然为古今之美器，但造物者深忌之，天地间无完名，你的声名鹊起，必有他物败之，千万不要得意忘形。切记！切记！"种放后来在真宗朝以司谏入仕，得与宋真宗携手，登龙图阁，论天下事，声名大振，历任谏议大夫、给事中、工部侍郎等。种放在承传陈抟图易学成就中，是一位继往开来、不可多得的关键人物。

贾德升一直跟随在陈抟身边，照顾陈抟的日常生活，陈抟的不少师友来访时，他都在场，耳濡目染，心领神会。陈抟仙逝前，嘱咐他带人在张超谷开凿山石为墓穴。他目睹了恩师化形于莲花峰下张超谷中，经七日肢体犹温，有五色彩云弥漫洞口，经月不散。贾德升后来继承了陈抟在华山的事业，主持云台观道场，被宋太宗封为"悟真大师"。

刘海蟾初名操，又名玄英，号海蟾子，燕山（今北京）人。以明经科登第，事燕王刘守光任丞相。素喜性命之说，钦崇黄老之教。后经钟离权、吕洞宾点化入道门，复与种放、张无梦结伴赴华山，拜陈抟为师。有《还金篇》等内丹术著作问世，后逍遥尘世，得道升仙，与师父钟离权、吕洞宾一起被金代全真教封为祖师。

张无梦，字灵隐，号鸿濛子，凤翔周至（今陕西省周至县）人。风格俊爽，性好清静，喜读《老子》《周易》。父业儒，但退隐不仕，有二子。无梦为长子，以笃孝闻于乡里。及长，将家政交给其弟，入华山师事陈抟，与种放、刘海蟾结方外友。后周游名山大川，终老金陵，享寿九十九岁。著有《还元篇》《琼台诗集》等。

衣冠子金砺通过崔古引荐，得以在华山见识陈抟神奇的睡功，并当面请教睡功的奥秘。陈抟还曾赠诗给金砺，谈常人之睡与仙人之睡的本质区别："常人无所重，惟睡乃为重。举世皆为息，魂离形不动。觉来无所知，知来心愈用。堪笑尘中人，不知梦是梦。""至人本无梦，其梦乃游仙。真人亦无梦，睡则浮云烟。炉中长存药，壶中别有天。欲知睡梦里，人间第一玄。"

杨宸，荣德人，隐居不仕，人谓之隐君。以孝名闻乡里，性深沉，有奇志。挣到不少家财后，对其子杨见素说："你代我主持家政，把家产分作三份，一份敬奉道佛，一份赈济贫困，一份交给宗祠。我有要事出远门一趟。"随即离开家乡，赴华山敬谒陈抟。陈抟悦其品性，授其道要，临别时送给他一颗精制的金丹服食。他返乡后，继续辟谷修炼，不闻世事，享年八十八岁。

寇朝一，冯翊（今属陕西省）人，全神观道士。曾赴华山拜陈抟为师，习练睡功，后返归全神观，唯睡而已。

占卜看相的奇闻轶事

陈抟精通易占，擅长看相，野史、笔记中记载的这方面的奇闻轶事不少。这些奇闻轶事大多是为了神化陈抟，不可完全作为信史看待。

华阴县有个叫郭沆的读书人，夜宿云台观，半夜里忽然被陈抟喊起来，要他赶快回家。郭沆不知什么事，又嫌路远，因而犹豫不决。陈抟陪他一起出门，走了一二里路，遇到来报信的家人，说郭沆母亲病危。郭沆这才明白陈抟让他速归的原因。陈抟拿出事先准备好的药，让他们赶快回去救人。郭沆赶回家中时母亲已经昏迷不醒，服了陈抟给的药后，渐渐苏醒过来。郭沆和母亲对陈抟的大恩大德感激不尽。

有一次陈抟算到华阴县令王睦来年有大难，而王睦又是个好官，遂决定下山相救。陈抟来到王宅叩门，王睦闻讯迎出门外。陈抟进屋坐下说："好久没喝酒了，有点想喝，你这里有酒吗？"王睦说："刚好有些好酒，好像知道先生要来似的。"遂吩咐用人洗涤餐具，准备酒菜，盛情款待陈抟。两人边喝边聊。王睦说："先生居住在山上什么地方？先生出门什么人看家？"陈抟笑笑没有说话，乃索纸笔写道："华山高处是吾宫，出即凌空跨晓风；台榭不将金锁闭，来时自有白云封。"王睦看后十分佩服陈抟的高道风范。陈抟见喝得差不多了，遂转入正题说："你来年有一场大灾，我这次来就是为了救你。你做官廉洁清正，勤政爱民，治县有方，虽有祸患，上苍也会保佑你化险为夷。"陈抟拿出一粒药丸让王睦服下，说道："这粒药丸可以化解你来年的大难。"王睦一再拜谢，陈抟起身告辞。第二年王睦去开封办事，途经汴河，忽然马惊坠水，几乎淹死，幸得一善水者相救，才逃过了这一劫难。

有个叫王克正的朝廷命官去世了，身后无子，只留下一个十几岁的女儿。陈抟前去吊唁时，家里正在做佛事道场。陈抟从背后看见王克正女儿穿着丧服，捧着香炉，跪在父亲的灵位前。陈抟出来后对人说："王氏女，我虽然没看见她的面相，但观其捧着香炉的手相甚贵，若是男子，应该科举入仕为翰林，而女子日后也应该为郡国夫人。"几年以后，晋公陈恕任参知政事，入朝向宋太宗奏事。太宗问道："爱卿娶的是谁家的女子，有几个儿子？"陈恕答道："臣妻已经去世，今有两个儿子。"太宗说："江南旧族王克正去世后，只留下一女。朕听说她颇为贤淑，爱卿不妨娶其为妻。"陈恕以自己年岁过高，表示不愿续弦。太宗敦劝再三，陈抟不敢违抗圣命，只好答应。没过多久，王氏女即被封为郡国夫人，应验了陈抟的预言。

有一位落第士子张咏想拜陈抟为师，入华山修道。陈抟看过他的面相后，认为他命为公卿，没有道缘，于是对张咏说："你今年虽然科场不顺，但日后必能及第，贵为公卿，你和贫道无缘啊！"临别时陈抟赠给他一首诗："征吴入蜀是寻常，鼎沸笙歌救火忙。乞得江南养闲地，却应多谢鬓边疮。"没过几年，张咏果然及第，任枢密直学士，后奉命赴杭州平定僧绍伦的妖蛊之乱，不久转任益州知州。入蜀前，他给陈抟写了一首诗："性愚不肯林泉住，刚要清流拟致君。今日星驰剑南去，回首惭愧华山云。"张咏在益州公务繁忙，心力交瘁，多次请求调任闲职皆不许。有一天，他鬓角边突发毒疮，苦不堪言，只好长期病休，政务大受影响，朝廷这时才同意他调往江南升州任职。他在赴升州前，又给陈抟写了一首诗："人生大抵重官荣，见我东归夹道迎。应被华山高士笑，天真丧尽得浮名。"据说张咏及第后的人生境遇，皆应验了陈抟临别时的那首预言诗。

陈抟应宋太宗征召寓居建隆观时，吕蒙正、张齐贤、郭延卿三位举子结伴去看望他，想请这位老仙翁看看相、算算命。通报姓名说明来意后，陈抟审视了三位举子一会儿，首先向吕蒙正拱手祝贺道："恭喜吕公子文星高照，今年大比不仅进士及第，还将荣登状元郎！"随后对张齐贤说："张公子也将进士及第，可喜可贺！"陈抟接着说："二位公子进士及第，尚不是福禄尽头，今后均将秉持国政，位居宰辅，而张公子禄相尤为丰厚，吕公子虽状元及第，亦将有所不及。"陈抟转向郭延卿，缓缓地说："恕贫道直言，郭公子才学有余而禄命不足，恐难以及第，终生为一地方官矣。"据说后来三位公子的前途命运，果然如陈抟预言的那样。

清源王世则与韩见素、赵谏议结伴去看望陈抟。王世则行仆人礼跪拜在台阶下，陈抟说："万万不可，侮人者自侮也。"他对王世则深深一揖，安排王世则坐在首席，说道："王君将来官职肯定在二位之上，今天有缘幸会，就按这个次序坐吧。"据说第二年王世则果然官运亨通，位列三人之首。

陈抟斋中有一个大瓢挂在墙壁上，道士贾休想要大瓢又不好意思说。陈抟一眼看出了他的心思，笑呵呵地说："你来没有其他事，就是想要我的瓢。"遂招呼侍者取下大瓢送给贾休。贾休有些诧异，知道老仙翁能逆知人意。

许仲宣被罢免成都牧，致书陈抟询问仕途前程。陈抟让门人贾德升代为答书道："给事此去更不出。"意思是说许仲宣的仕途已经走到头了，没有复出的可能。

宋太宗三请出山赴朝

宋太宗赵匡义，又名赵光义，是北宋朝的第二位皇帝，宋太祖赵匡胤的胞弟。宋太宗登上皇位虽不合朝规，在历史上留下了"烛影斧声"的疑案，但他确实是一位颇有才干、奋发有为的国君，对大宋朝的开拓稳定作出了较大贡献。

宋太宗登上皇位的时候，陈抟已是百岁老人，本打算高卧华山，悠游岁月，颐养天年，然而宋太宗却相当器重他，虽没有像当年刘备那样三顾茅庐恭请诸葛亮出山辅佐，也是三次派使臣前往华山诏请陈抟赴朝咨政。

第一次诏请：太平兴国元年四月初十日，宋太宗差遣供奉官陈宗颜为使臣，携诏书和御诗前往华山宣诏陈抟。使臣由华阴县宰、著作郎丁寿明迎接陪同，四月十五日到达云台观。陈抟恭迎贵客，净手焚香，承接诏书和御诗。诏书曰："朕自即位以来，克服八方，威临万国，遐迩悉归于皇化，华夷亦致于隆平。知卿抱道山中，洗心物外，养太素浩然之气，应上界少微之星，节配巢由，道尊黄老。怀经纶之长策，不谒王侯；蕴将相之奇才，未朝天子。卿不屈于万乘，身奚隐于三峰，望风犹来，举朝称贺。"御诗云："华岳多闻说，知卿是姓陈。云间三岛客，物外一高人。丹鼎为活计，青山作近邻。朕思亲欲往，社稷去无因。"诏书强调了皇恩浩荡，天下一统，四海隆平，同时对陈抟的节操和道行评价极高，甚盼陈抟早日来朝。御诗除了称赞陈抟的隐士风范外，还说到宋太宗本来想亲往华山恭请，只是朝廷大事太多走不开。陈抟对宋太宗的知遇之恩十分感激，但非常不愿意出山求功名，于是对陈宗颜和丁寿明说道："贫道栖真物外，修炼山间，无意求名，有心慕道，不愿仕也。"又写了一通回表和一首答诗，请使臣带回去给宋太宗，表明自己一心向道不愿出仕的决心。回表曰："性同猿鸟，心若土灰，不晓仁义之浅深，安谈行藏之去就。败荷作服，脱箨为冠，体有青毛，足无草履。有意慕羲黄之道，无心诵管乐之篇，《南华》《道德》频看，黄阁玉堂绝念。数行紫诏，徒烦彩凤衔来；一片闲心，已被白云留住。苟临轩陛，贻笑圣明。"答诗云："九重特降紫泥宣，才拙深居乐静缘。山色满庭供画幛，松声万壑即琴弦。无心享禄登台鼎，有意求仙到洞天。轩冕浮荣绝念虑，三峰只乞睡千年。"陈抟反复强调自己长期栖息山野，一心求道，不懂经国治术，也不慕功名利禄，然而宋太宗求贤若渴，很快就派出第二位使臣前往华山。

第二次诏请：太平兴国元年（976）六月初三日，宋太宗供奉官张素真持诏书和御诗前往华山，到达云台观时，见道童正在扫地，便问道："陈抟仙师在否？"道童答曰："师父在寝室熟睡。"使臣又问："如何叫醒他？"道童说："敲击旁边的金钟。"使臣敲击金钟，陈抟果然就醒了。使臣呈上诏书和御诗，诏书曰："朕伏惟先生白云隐士，碧洞高人，悟大道之玄门，达希夷之奥理。朕叹韶光之甚速，迅景难留，忽暑往以寒催，渐颜衰而鬓改，虽达治世之略，未谙炼性之机。废寝忘餐，思贤若渴，望先生暂离洞府，跨鸾鹤以飞来；伫立宫闱，列簪璎以敬待。"御诗云："曾向前朝出白云，后来踪迹杳无闻。如今若肯随征诏，总把三峰赐予君。"诏书说宋太宗知道陈抟不慕功名利禄，是方外高人，而自己操劳国事，年岁渐长，容颜渐衰，所以想请教养生之道，还是希望陈抟暂别华山，来京一趟。御诗则提及陈抟曾赴后周世宗的征诏，并表示继续兑现胞兄宋太祖赏赐华山的诺言。但陈抟仍然不想出山赴朝，所以回表赋诗继续婉辞。回表曰："伏念愚拙，深潜涧壑，误蒙天恩。臣无诸葛之奇才，君有汉皇之厚德。臣山麋之性，野鹤之姿，冠簪独羡乎逍遥，轩冕难禁乎羁束。高卧苍龙之岭，蝶梦悠扬；闲看玉井之莲，诗魂浩荡。餐烟霞于洞口，采薇蕨于林间，林履徜徉，身心懒散。炼炉中之丹药，远拟登仙，避世上之虚名，屡防嫁祸。赖遭逢乎尧舜，可疏放其巢由，幸尽余生，遐瞻圣代。"赋诗云："坐逢圣代即尧年，草泽愚人也被宣。自笑形骸元懒散，才疏安敢望朝天。""调和四气凭烧药，修炼千方只要安。黄阁高官无意恋，闲居佳境胜为官。"陈抟将宋太宗比作远古圣主尧舜，希望太宗能像尧舜疏放高隐巢父、许由一样，成全自己悠游岁月终老华山的心愿。使臣张素真将陈抟回表和赋诗带回开封，宋太宗阅后虽然欣赏陈抟的闲云野鹤之志，也明白陈抟将自己比作尧舜的苦心，但仍然希望"明皇帝王霸之道"的陈抟老祖能来京城走一走，看一看，于是便有了宋太宗第三次遣使赴华山宣诏。

第三次诏请：一日早朝，宋太宗询问僚属百官，有谁能言善辩，智慧过人，可担任第三次赴华山宣诏陈抟重任。有人推荐内藏库副使葛守忠。宋太宗随即宣葛守忠晋见，命他前往华山，务必将陈抟请到京城来。太平兴国二年（977）七月七日，葛守忠携带诏书和御诗上路，到达云台观时不见陈抟出迎。值观道士说："尊师已知圣上还会再派钦差前来宣诏，已到山上玉泉院避诏静修去了。"葛守忠让值观道士带路，到玉泉院找到陈抟，反复说明宋太宗的圣意不可违。诏书曰："朕上承天命，下抚民心，兵消而四海咸宁，化行而八方无屈。位临有众，含脯鼓腹以同歌；道体无为，凿井耕田以安业。知大贤之生世，海晏河清，望君子以救时，风行草偃。身未离于岩壑，名满寰区；志恒想于蓬瀛，心游寥廓。朕素知轩后博施之德，实歉广成修养之方，地僻虽深，王泽所及，伊尹就征而适亳，孟轲随聘以至梁，命有相从，礼无多让。"御诗云："二度宣卿不赴朝，关河千里莫辞劳。凿山选玉终须得，点铁成金未见烧。紫袍绰绰宜披体，金印累累可挂腰。朕赖先生相佐辅，何忧万姓辍歌谣。"葛守忠又软硬兼施地晓以利害："圣上宣诏三次，先生不可固辞，岂不闻《鲁论》云：'君命召，不俟驾行矣。'诏旨岂宜抗拒？又《诗经》云：'溥天之下，莫非王土。率土之滨，莫非王臣。'不可辞也。"又赠诗陈抟："华岳三峰客，幽居不记年。烟霞为活计，云水作家园。种药茅亭畔，栽松涧壑边。暂离仙洞去，可应帝王宣。"陈抟知道这一次宋太宗圣意已决，很难推辞，只好答应赴朝，并题诗回赠葛守忠："鹤氅翩翩即散仙，蒲榆争忍利名牵。流连华岳伤心别，回顾云台望眼穿。涉世风波真险恶，忘机鸥鸟自悠然。三峰才欲和衣倒，又被天书下日边。"

陈抟虽然对赴朝是有心理准备的，但亦深知"伴君如伴虎"的古训，所以他虽已是百岁老人，仍然写诗向尊师麻衣道者告别，并请教赴朝后如何应付："华岳峰前两路分，数间茅屋一溪云。师言耳嘱持之久，人是人非闻未闻。"麻衣道者回诗叮嘱他以超然态度处理人际关系："独坐茅庵迥出尘，亦无衣钵日随身。逢人不话人间事，便是人间无事人。"

深受宋太宗器重

太平兴国二年（977），陈抟第一次赴朝，宋太宗在延英殿接见，以宾礼相待。陈抟身着羽服，脚穿草履，头戴华阳巾，见到宋太宗，长揖不跪，说道："贫道山野之人，奉诏觐见陛下。"宋太宗赐坐，说道："寡人得见仙师，十分高兴。有朋自远方来，不亦乐乎？"随后赋诗咨询养生之道："知卿得道数余年，镇日常吞几粒丹？可讶鬓边无白发，还疑脸上有红颜。终宵寝向何方观，清晓斋登甚处坛？肯为眇躬传妙诀，寡人拟欲似卿闲。"陈抟吟诗回答："臣今得道几经年，每日常吞二气丹。仙酿饮时添漆鬓，蟠桃食后驻童颜。夜深只宿云台观，晓起斋登法箓坛。陛下问臣修养法，华山深处可清闲。"宋太宗又陪同陈抟登上城楼，闲观市景。太宗赋诗道："人人未起朕先起，朝来万事攒心里。可羡东京豪富民，睡至日高犹未起。"陈抟答诗曰："昨夜三更梦里惊，一声钟响万人行。多应又是朝金阙，臣自无官睡到明。"宋太宗将话题转向政治问题："朕自即位以来，决心继承先皇遗志，完成全国统一大业。朕已派大军征讨北汉刘继元，仙师逆知天意，善断吉凶，可否为寡人预卜一下河东之役的结果。"陈抟思索了一会儿，认为时机不对，建议停止征伐。宋太宗将信将疑，没有立即下令罢兵，然而不久前线就传来出师不利的消息，北汉据城固守，并得到契丹支持，宋军损兵折将，战败而归。宋太宗欲赏赐陈抟，陈抟谢绝，只求能有一间静室修道，太宗遂赐以御苑内建隆观。陈抟关门闭户，卧床欲睡，但身处京城，心情难以平静，遂起身拿笔写了几首《叹世诗》："千门万户锁重关，星斗排空静悄然。尘世是非方欲歇，六街禁鼓漏初传。""银河斜转夜将阑，枕上人心算未闲。堪叹尘世名利者，多应牵役梦魂间。""玉漏将残月色沉，一声清响透寒音。能催野客思乡切，暗送离人起恨深。窗下惊开名利眼，枕前唤觉是非心。皇王帝伯皆经此，历代兴亡直至今。"陈抟渐渐平静下来，熟睡月余方起，乞归华山。太宗见其去意已决，不恋仕禄，只好放其归隐，并叮嘱陈抟有机会再来京城看看，还有许多问题要向他请教。

太平兴国四年（979），陈抟应诏复来朝，告诉宋太宗现在征北汉的时机已经成熟。宋太宗遂御驾亲征，宋军一路过关斩将，势如破竹，不出两月便直抵太原城下，围攻数日。北汉主帅刘继元见契丹救兵不至，只好开城降宋。宋太宗大捷归来，十分高兴，对陈抟愈发敬重，并向他请教统治术："假如朕想成为尧舜那样王天下的大德明君，今天可以做到吗？"陈抟说："尧舜王天下时，土阶三尺，茅茨不剪，生活比较简朴。今天的社会环境已经大不相同，但如果陛下能常行德政，以清静为治，即是当今天下的尧舜。"太宗听后龙颜大悦，让内使带着陈抟到诸子王宫去转一转，看看哪个儿子最适合做自己的接班人。陈抟回来后上奏道："寿王可为他日天下主也。抟始抵寿王王宫时，见有二人坐在门口，问他们姓名，一曰张旻，一曰杨崇勋，都是寿王近侍。细观二人形相，皆可成为辅佐帝王的将相，所以抟没进寿王府，没相寿王面，已经大体知道寿王可立为太子。"宋太宗对寿王亦很满意，不久将寿王赵恒立为太子。后来宋真宗赵恒即位后，曾西巡汾阴，专门驾临华山云台观，在陈抟老祖的灵位前行礼致谢，并免除云台观赋税。

太平兴国九年，亦即雍熙元年（984），陈抟第三次也是最后一次应诏来朝。宋太宗多次延其入宫中密语，话题多与悟道证佛、修身养性相关。太宗还向陈抟请教济世安民之术，陈抟没有说话，索纸拿笔写了四个字："远近轻重。"太宗不解其意，陈抟遂解释道："远者，远招贤士；近者，近去佞臣；轻者，轻赋万民；重者，重赏三军。"太宗听罢大悦。随后宋太宗对宰相宋琪说："陈抟独善其身，不干势利，乃方外高士。他历经五代离乱，隐居华山几十年，已有一百来岁，感觉现在天下太平了，故赴京来朝建言献策。朕与其交谈，十分中听，多有裨益，你们可以多向他请教。"宋太宗遂遣内使将陈抟送至中书省宰辅机关，宋琪向其请教道："先生深谙玄默修养之道，可以教人乎？"陈抟答道："抟为山野之人，于时无用，亦不甚知道炼养之术，无秘诀方技可传。假令倾慕神仙，白日飞升，对大宋王朝有什么好处？今圣上博达今古，深究治乱，乃有道仁明之主，正是君臣上下同德共治之时，勤心修炼，也不过如此。"宋琪等宰臣听后感觉挺好，遂向宋太宗汇报。太宗更加看重陈抟，封他为谏议大夫。陈抟坚辞不受，并作《退官歌》一首敬呈："道能清，道能清，清静之中求正定。不贪不爱任浮生，不学愚迷多惝憛。时人笑臣不求官，官是人间一大病。官卑又被人管辖，官高亦有人趋佞。或经秦，或经郑，东来西去似绳引；直至百年不曾歇，算来争似臣清静。月为灯，水为镜，长柄葫芦作气命；出入虽无从者扶，左有金龟右鹤引。朝日醉，长不醒，每每又被天书请，时人见臣笑呵呵，臣自心中别有景。"太宗知其不慕官禄，去意已决，遂赐号"希夷先生"，赐紫衣一袭，赐赠龟鹤鞍马束帛等物，在皇宫大殿设宴为陈抟送行，诏令宰臣僚佐赴宴，并赋诗唱和，诏令华州刺史王祚派人修葺云台观，随时向陈抟请教。陈抟在告别京城前，写下了一首《辞朝诗》，表达了他百感交集的复杂心情："十年踪迹踏红尘，回首青山入梦频。紫陌纵荣争及睡，朱门虽贵不如贫。愁闻剑戟扶危主，闷听笙歌聒醉人。携取旧书归旧隐，野花啼鸟一般春。"

仙逝华山张超谷

陈抟回到华山后，宋太宗还时常惦记他，亦曾遣使赴华山看望他，馈赠礼品，敦请赴朝。陈抟一辞再辞，并上表铭谢："丁宁温诏，尽一扎之细书，曲轸褒恩，赐万金之良药。仰佩圣慈，俯恭赠感。臣宋时闲客，唐室书生，尧道昌而优容许由，汉世盛而善存四皓，嘉遁之士，何代无之。愿回天听，得隐此山。圣世优贤，不忝前古，渴饮旧溪之水，饱聆松下之风，咏味日月之清，笑傲云霞之表，遂性所乐，得意何言。精神超于物外，肌体浮于云烟，虽潜至道之根芽，尽陶圣域之水土。敢祈睿眷，俯顺愚衷。"陈抟在表文中感谢宋太宗的恩召和厚爱，但认为自己现在只适合山野，不适合庙堂，而历史上的盛世明君都是优容隐士的。陈抟表示华山已经成为自己的精神乐园和人生归宿，希望宋太宗能满足他终老华山的心愿。

一天，陈抟对门人贾德升说："今天有佳客来，客人来了马上告诉我。"没多久，有一位穿粗布短衫、头戴青巾的老者来叩门。贾德升刚到陈抟室内禀报，老者已经迅速离去。陈抟随即出门，追出一里多路，遇见一位穿鹿皮衣的老者，遂问道："前面老者走得远吗？"鹿皮衣老者说："他是神仙李八百，动行八百里。"说完，鹿皮衣老者亦不见踪影。陈抟忽然悟到鹿皮衣老者即是神仙白鹿先生李阮。此景此情，使陈抟感觉到天上仙界在向他召唤了，他淡淡一笑："我恐怕快要离开这个世俗世界了。"

端拱元年（988）的一天，陈抟对门人贾德升说："你带人去张超谷，开凿一块墓穴，我的大限快到了。"贾德升有些感伤，但仍遵师命带人去张超谷凿墓。

端拱二年七月，陈抟给宋太宗写下了最后一封书札，大意是：臣大数有终，圣朝难恋，将于七月二十二日化形于莲花峰下张超谷中。他关照贾德升将书札转交宋太宗，并带上太宗赐赠的龟鹤鞍马。七月二十二日，陈抟平静地打坐在石墓中，灯烛燃烧了整整一夜。他渐渐支持不住，垂下头来，无疾而终，享年一百一十八岁。陈抟仙逝后，经过七天，容色仍然不变，肢体尚有余温，五彩斑斓的云霞笼罩在张超谷中，弥月不散。后来贾德升遵照师父临终嘱咐，赶赴京城汇报。宋太宗将陈抟遗札看了很长时间，遂将龟鹤鞍马复赐给贾德升，仍赐贾德升紫服，并赐号悟真，又赠款五百万，让贾德升带回去营建华山北极殿，以完成陈抟老祖未了的遗愿。

许多年以后，有一位河中李钦叔，仰慕陈抟老祖的高名，专门来到张超谷瞻仰。张超谷相传是汉代学者张超隐居读书的地方，山径险绝，下临无地。李钦叔攀着铁索，下到石洞中，见到了陈抟的灵骨，又长又大，坚重腴莹，色如青玉，这是他多年修炼内丹的结果，旁边还有一个弟子的遗骸。据说后来陈抟的趾骨被窃，华山的道士遂砍断了铁索，陈抟埋骨处从此无法登临。

第2章

陈抟图易学

　　陈抟学问渊博，视野开阔，三教九流之学无不涉猎，尤精于易学。陈抟在中国易学史上是划时代的人物，最大的贡献就是承继师父麻衣道者伏羲易道的思想，推出了独树一帜的图易学，又称先天易学、图书易学，宣称"学《易》者，当于羲皇心地中驰骋，无于周、孔言语下拘挛"，大胆地向汉唐以来的经书易学传统挑战。

　　陈抟主张研究易学需用"心法"，也就是"活法"，上探易道形成时期的卦画奥秘，而不是拘泥于后来解释卦画的卦爻辞和传注。

　　陈抟的代表作有《正易心法注》《易龙图序》《河图》《洛书》《太极图》《先天图》等，震古烁今，别开生面。他成为宋代易学乃至整个宋学的开山祖师。黄宗炎在《周易寻门余论》中说："宋之易学无不鼻祖于陈图南，亦犹汉之易学无不鼻祖于田子庄也。子庄后分施、孟、梁丘三家，图南亦分先天、太极、河洛三派。田出自圣门，陈出自老氏，其源流亦有间矣。"

概述

　　《易》又称《周易》，是一部流传数千年的古老典籍。最初的古《易》可能是上古圣人画出的符号系统，而卦爻辞则是信仰神灵的先圣和卜官为占筮活动所作，其中已经蕴含了"推天道以明人事"的宗旨，而《易大传》"十翼"则是最初阐释《周易》的经典作品。相传伏羲氏画卦，周文王作卦爻辞，孔子作十翼。司马迁在《史记·孔子世家》中说："孔子晚而喜《易》，序《彖》《象》《说卦》《文言》。读《易》，韦编三绝。"又在《史记·仲尼弟子列传》中谈孔子易学的传承系统："商瞿，鲁人，字子木。少孔子二十九岁。孔子传易于瞿，瞿传楚人馯臂子弘，弘传江东人矫子庸庇，庇传燕人周子家竖，竖传淳于人光子乘羽，羽传齐人田子庄何，何传东武人王子中同，同传淄川人杨何，何元朔中以治易为汉中大夫。"班固《汉书·儒林传》记载的孔子易学传承系统，西汉之前与《史记·仲尼弟子列传》的记述大体相同，西汉时期则有不少补充："汉兴，田何以齐田徙杜陵，号杜田生，授东武王同子中；洛阳周王孙、丁宽、齐服生，皆著《易传》数篇；同授淄川杨何，字叔元，元光中征为太中大夫；齐即墨成，至城阳相，广川孟但，为太子门大夫；鲁周霸、莒衡胡、临淄主父偃，皆以《易》至大官。要言《易》者本之田何。""宽授同郡田王孙，王孙授施仇、孟喜、梁丘贺，由是《易》有施、孟、梁丘之学。京房受《易》梁人焦延寿，延寿云尝从孟喜问《易》。刘向校书，考《易》说，以为诸《易》家说皆祖田何、杨叔元、丁将军，大谊略同，唯京氏为异，党焦延寿独得隐士之说，托之孟氏，不相与同。房授东海殷嘉、河东姚平、河南乘弘，皆为郎、博士，由是《易》有京氏之学。"另外西汉时还有费直传古文《易》，与施、孟、梁丘、京氏所传今文《易》不同；还有高相传《易》于子康和毋将永，为高氏学，但"费、高皆未尝立于学官"，主要是在民间授受相传，费氏易在东汉产生了较大影响。上述这些经师和学者，都以治《易》为己任，可以称为易学专家。西汉时期还有一批学者、思想家研究《周易》，如汉初韩婴以治《诗经》著称，亦治《易经》；汉初子书，如陆贾《新语》，贾谊《新书》，刘安《淮南子》，董仲舒《春秋繁露》等，皆涉及《易经》；西汉后期学者严君平、扬雄、刘向、刘歆等，都研究《易经》。

东汉时期，不少经师注释《周易》经传，代表人物有马融、郑玄和荀爽。范晔《后汉书·儒林传》说："建武中，范升传孟氏易，以授杨政，而陈元、郑众皆传费氏易，其后马融亦为其传。融授郑玄，玄作《易注》，荀爽又作《易传》，自是费氏兴，而京氏遂衰。"这是就易学发展的主要倾向而言，实际上以京房为代表的汉代象数易学并未衰亡，而传费氏义理易学的，也都受到京房易学和《易纬》的影响。如郑玄解经，虽属于古文经学的传统，但他又精通今文经学，而且以注纬书著称；荀爽虽不大讲阴阳灾变，但亦主卦气说。真正继承费氏易学传统，拒斥京氏易学传统的，主要是曹魏时期的王肃，王肃可以称之为王弼易学的先导。与王肃同时的东吴虞翻既讲卦变说，又讲纳甲说，可以说是汉代象数易学的进一步发展。除了上述儒家解易的系统外，东汉还有道家解易的传统。道家黄老学派的学说到东汉末年发展为道教，宣扬神仙长生不老，重视炼丹等方术。东汉末年魏伯阳著《周易参同契》，将卦气说与炼丹术结合起来，用《周易》的思想解说炼丹的理论和方法，他提出的月体纳甲说成为道教易学的先驱。

　　魏晋易学以王弼为代表，王弼易学是曹魏时期古文经学的发展和老庄玄学兴起相结合的产物。曹魏时期的经学大师王肃是古文经学派的集大成者，其解易继承了费氏易的传统，注重义理，以《易传》的观点解释经文，排斥今文经学派和《易纬》的解易学风，不讲互体、卦气、卦变、纳甲等象数派的学说。王弼继承和发扬了王肃解易的学风，而王弼又是魏晋玄学的代表人物，他用玄学观点解易，同汉代道家解易的传统有一定联系，但与偏于象数的黄老学和《易纬》又有本质区别。王弼开创了用义理解易的新风气，对晋唐易学的发展影响颇大。唐孔颖达在《周易正义》中说："唯魏世王辅嗣（王弼）之注，独冠古今。所以江左诸儒，并传其学。河北学者罕能及之。"明末黄宗羲在《易学象数论》中说："有魏王辅嗣出而注易，得意忘象，得象忘言；日时岁月，五气相推，悉皆摈落，多所不关，庶几潦水尽而寒潭清矣。顾论者谓其以老庄解易，试读其注，简当而无浮意，何曾笼络玄旨。故能远历于唐，发为《正义》，其廓清之功不可泯也。"黄宗羲说王弼易学未受到老庄玄学影响不是事实，但说王弼扫象数倡义理，其易学一直影响到唐代孔颖达的《周易正义》，则是中肯之论。魏晋时期，虽然王肃和王弼的义理学派影响很大，但象数学派并未消亡，如荀氏家族的易学，荀爽的从孙荀凯，荀凯兄荀融，荀凯从孙荀辉，皆坚持象数立场。荀凯有驳难钟会的《易无互体论》，荀融有驳难王弼的《易大衍义》，荀辉有《易义》；《隋志》所载的《荀爽九家注》集两汉以来象数学派解易的成果，当出于荀爽后代之手。象数易学后期以东晋干宝为代表，《晋书·干宝传》称其"性好阴阳术数，留思京房、夏侯胜等传"。其易学虽然吸收了义理派的一些观点，但其总体倾向是继承汉代象数派传统，如八宫说、纳甲说、卦气说、互体说、五行说、八卦休王说等，皆为干宝易注所吸收。

南北朝时期的易学是魏晋易学的继续，易学中的两大流派仍有斗争，但总的趋势是王弼义理派的易学占了上风。这一时期由于佛教思想的广泛流行，又出现了易佛糅合的倾向。梁武帝萧衍就是这方面的代表人物，他既是一个佛教徒，又通晓儒家经典，《隋志》记载其解易著作有《周易大义》《周易系辞义疏》等。其他如周弘正、张讥等人的易学，也有一定的新意。

唐王朝建立后，伴随着政治上的统一和稳定，经济和文化也得到了较大的发展。与此相适应，关于经学的研究，出现了总结前人成果的新局面。唐太宗命孔颖达主持编撰《五经正义》，对两汉魏晋南北朝以来各派经师的注释进行一次大总结，统一各家的学说，作为官方颁布的教科书，这是经学史上的一件大事，对易学的发展也产生了重要影响。就易学来说，唐代出现了两部总结前人和同时代人研究成果的著作，一是孔颖达主编的《周易正义》，一是李鼎祚编纂的《周易集解》，这两部大著可以代表唐代易学的最高成就。孔颖达《周易正义》继承隋代尊王学的传统，采王弼注和韩康伯注，并对王、韩二注逐句加以解释，称为孔疏。此书虽采王、韩二注，推崇玄学派的易学，但没有墨守门户成见，对其他流派的观点一概排斥，而是有选择地加以吸收，从《子夏传》、京房章句、郑玄注，到南朝张讥的《周易讲疏》、北朝卢景裕的《周易注》等，皆有引述或评论。虽然本书"先以辅嗣（王弼）为本"，实际上对王弼易学进行了修正和改造，具有调和义理和象数两大流派的倾向，是南北朝时期两派易学相互吸收学风的进一步发展。孔疏不只是引述和罗列各家的说法，而且加以消化提炼，提出自己的易学观，对唐宋时期的易学发展产生了重要影响，成为汉易转向宋易的重要铺垫。李鼎祚《周易集解》是继《周易正义》之后又一部总结性的著作，此书的编辑初衷是出于对《周易正义》编撰方针的不甚满意。李鼎祚在该书序中说："采群贤之遗言，议三圣之幽赜，集虞翻、荀爽三十余家，刊辅嗣（王弼）之野文，补康成（郑玄）之逸象，各列名义，共契元宗。"由此可以看出，该书的特点主要是汇集汉代以来象数派的注释，对义理派的注解，如王弼、何晏、韩康伯等也有所采纳，有所肯定，亦具有融合两派易学的倾向。该书主要是集录各家的注释，自己的观点较少，基本上是资料性的汇编，因而在易学史上的地位不及《周易正义》。唐代还有佛道二教解易的系统。佛教和道教在唐朝十分兴盛，影响很大。唐王朝在思想文化上采取儒、佛、道三教并行的政策，因此这三大教派既相互论争，又相互影响，形成一种会通融合的倾向。在这种倾向的影响下，佛教徒和道教徒也研究《周易》，或借助易学的理论阐发教义，如宗密在《原人论》中引汉易的太极元气说解释气世界形成的过程，李通玄则用易理解说佛教华严宗的教义。唐代道教徒继承了魏伯阳《周易参同契》的传统，以《周易》讲炼丹术，并且根据《周易》的卦象和汉易中的元气说和五行说演绎出一套宇宙万物形成的图式，作为道教的理论基础，如《道藏·洞玄部》中的《上方大洞真元妙经图》，就以太极为宇宙本源。这种道教系统解易的方式，对宋易图书学派的形成产生了较大的影响。

汉代"独尊儒术"后，《周易》的地位很高，曾被奉为"六经之首"。以后的《周易》注本甚多，蔚为大观，正如《四库全书总目提要·经部易类》所说："易道广大，无所不包。旁及天文、地理、乐律、兵法、韵学、算术以逮方外之炉火，皆可援易以为说，而好异者又援以入易，故易说愈繁。"所以，《周易》在中国传统经典中又被奉为"群经之首"。研究《周易》的学者虽多，但基本上属于两大流派，一是以汉代京房为代表的象数派，一是以魏晋王弼为代表的义理派。这两大流派的分歧，可以上溯到《易传》中取象说与取义说的对立。取象说是取八卦所象征的物象，解释卦爻象和卦爻辞；取义说是取八卦和六十四卦卦名的含义，解释卦爻象和卦爻辞。这两种说法逐渐发展为两大不同的流派，象数派偏重于易象、易数的研究，并与黄老学、炼养方术及谶纬说相结合，这是道门所推崇的"老氏之《易》""方士之《易》"；义理派注重对《周易》经传文辞的解释，并探究其中的哲学、伦理学等经国济世思想，这是儒生所推崇的"圣人之《易》"。两种传统，不同风范，既相互对立竞争，又彼此交融影响。大体上可以说，象数派与义理派的兴衰起伏，便构成了一部中国古代易学发展史。

陈抟图书派，直承汉代象数派绝脉。清代《四库全书总目提要·经部易类》将图书派划归象数派，也是自有根据的。不过陈抟对义理派也没有排斥，他认为"易学意、言、象、数四者不可缺一"，义理、象数在易道中是圆融统一的，就理而言，是阳与阴；就象而言，是乾与坤；就数而言，是奇与偶，这是整个易学体系的理论基础。当然，理、象、数不是平行关系，陈抟认为"易之为书，本于阴阳"，也就是说理是宗旨，是主导，象和数是表现阴阳消长、性命穷尽的载体和模式；不过要想理解易理的微言大义，也离不开对易象与易数的深入剖析。运用各种易图来阐发易学的理、象、数，是陈抟图书派的一大创举，这不仅把象数派的天地自然之易发挥得更加淋漓尽致，也把义理派的社会人生之易表达得更加鲜明生动，而《正易心法注》则是陈抟与师父麻衣道者全面系统阐释图易学思想的经典作品。

《正易心法注》

麻衣道者亦僧亦道，功修精深，学识渊博。宋释志磐《佛祖统纪》卷四十三称："处士陈抟，受易于麻衣道者，得所述《正易心法》四十二章，理极天人，历诋先儒之失，抟始为之注。"《正易心法》用四言诗体撰写，每章四句十六字，四十二章共计六百七十二字，言简意赅，古朴深奥。陈抟在每章下都有注释，有长有短，短的数十字，长的数百字，从注文中可以看出他对麻衣道者的图易学思想研究得很深很透。《正易心法注》应该说是师徒二人珠联璧合的精品力作。

陈抟首先解释了书名的意思："正易者，正谓卦画，若今经书正文也，据周孔经传，亦是注脚。每章四句者，心法也。训于其下，消息也。"正易指八卦、六十四卦的卦画符号体系，源于不立文字时代的远古伏羲氏，是《易经》的正文主体部分，而周文王、周公旦、孔子所作的卦爻辞和易传文字，只是对卦画符号体系比较权威的解释，并不能穷尽卦画符号体系的丰富内涵和深刻意蕴。而心法则是麻衣道者跳出周、孔经传的束缚，"唯心是法"，对伏羲卦画易道奥秘的探索和证悟。注即消息，是陈抟研究麻衣道者《正易心法》四十二章的心得体会。

陈抟在《正易心法》的注文中对易学的两大部分义理和象数均有所论述，其中对义理谈得少一些，但非常强调义理的主导作用和重要意义；对象数谈得比较多，对汉代象数学有所继承，也有所扬弃。更重要的是，他将义理和象数统一在卦画体系中，开创了特色鲜明、影响深远的图易学新流派。

陈抟认为易的根本宗旨是阴阳："易之为书，本于阴阳。万物负阴而抱阳，何适而非阴阳也？""大易，未见气也，视之不见，听之不闻，循之不得。易者，希微、玄虚、凝寂之称也。"他认为易的古字由日月构成，符合阴阳本旨，将易解释为变易是引申之义，不是宗旨之学。而伏羲画卦的精义是"阴阳运动，血气流行"，顺应自然之理，昭示不言之教，切合实际用途，不作纸上功夫。所以上古卦画明，易道行，后世卦画不明，易道不传。圣人不得已而作辞解，后世儒家学者光注意这些辞解，以为周、孔经传已经穷尽易道，根本不知道有伏羲卦画微旨，易道遂由于周、孔经传孤行而又变得模糊不清。实际上"六十四卦，无穷妙义；尽在画中，合为自然"，"消思卦画，无止于辞；辞外见意，方审易道"。王弼因为象数烦琐而扫象数倡义理，陈抟则因为经传孤行而疑经传尊卦画。

陈抟认为观卦画要注意审卦脉，而卦脉即是"运动流行自然之理"。如观坎卦，则知月为地之气；观离卦，则知日为天之气；观艮卦，则知山自天来；观兑卦，则知雨从地出；观八纯卦重复叠交，则知闰年天数；观中爻交互卦体，则知造化之原。审卦脉即是从卦画中感悟天地万物阴阳运动的自然规律，而各种卦画的自然排列组合，"或有二气老少之渐，或有三代祖孙之别，或有对待之理，或有真假之义，或有胎甲之象，或有错综之占"。陈抟这段注文包含的内容很多。"二气老少之渐"来源于《易传·系辞》："易有太极，是生两仪，两仪生四象，四象生八卦。""二气"指阴阳两仪，"老少"指老阳、少阳、老阴、少阴四象。"三代祖孙"指在六十四卦中，乾父坤母两卦为第一代，长男震卦、中男坎卦、少男艮卦、长女巽卦、中女离卦、少女兑卦六子为第二代，由这八纯卦交汇衍生出的其余五十六卦为第三代。"对待"指六十四卦皆为"两两相偶"的对待之卦，如八卦中的乾与坤卦、离与坎卦、震与巽卦、艮与兑卦，重卦中的屯与蒙卦、泰与否卦、损与益卦、既济与未济卦等。"真假"指六十四卦中的真体和假体，真体指乾坤两卦体，纯一不驳，倒正不变；假体指其他六十二卦体，因为六子卦假乾坤以为体，其他重卦合八卦以为体，悉是假合，无有定实。"胎甲"指汉代京房的纳甲说。纳甲说是将阴阳八卦与四方、五行、十天干、十二地支、二十四节气、二十八宿等整合起来形成的庞大的象数体系。"错综"指错卦和综卦，错卦指相对的两卦六爻阴阳相反，如乾与坤、离与坎、颐与大过、中孚与小过，互为错卦；综卦指相对的两卦卦画颠倒，如屯与蒙、需与讼、师与比、同人与大有，互为综卦。六十四卦中，每卦都有相对的错卦；而六十四卦除去乾、坤、离、坎、颐、大过、中孚、小过八个卦，每卦都有相对的综卦。陈抟认为上述各种纵横交错的卦画，皆具妙理，无所不可，显示易道广大，包罗万象。

陈抟解释八卦的性质和相互关系，认为乾卦为太初者，气之始，三画奇，为纯阳；坤卦为太始者，形之始，三画偶，为纯阴。乾坤之气纯而不驳，圆融和粹，即《老子》所说的"天得一以清，地得一以宁"，因此能尽乾之道，是为圣人，能尽坤之道，是为贤人。而乾坤错杂破体，乃化生其余六卦，乾卦三阳爻，一阴杂于下，是为巽卦，一阴杂于中，是为离卦，一阴杂于上，是为兑卦；坤卦三阴爻，一阳杂于下，是为震卦，一阳杂于中，是为坎卦，一阳杂于上，是为艮卦。而这六个卦为不平之气，偏陂反侧，即《庄子》所说的"阴阳错行，天地大骇，有雷有霆，水中有火，乃焚乃块"。因此六子非乾坤圣贤之道可比，可比作众人与万物。而八卦的属性健、顺、动、入、陷、丽、止、说，不能光对应于乾、坤、震、巽、坎、离、艮、兑八卦的卦名，主要还是要看八卦的卦画，即健谓三画纯阳，顺谓三画纯阴，动谓一阳在二阴下，入谓一阴在二阳下，陷谓一阳在二阴中，丽谓一阴在二阳中，止谓一阳在二阴上，说谓一阴在二阳上。而坎、兑两卦虽均与水有关，但性质不同。坎，为乾水，气也，若井；兑，为坤水，形也，似雨。坎卦画一阳中陷于二阴，以气潜行于万物之中，为受命的根本，故曰"润万物者，莫润乎水"；兑卦画一阴上彻于二阳，以形普施于万物之上，为发生的利泽，故曰"说万物者，莫说乎泽"。而离、坎二对卦性质也需从卦画中求解。离为一阴升于乾之中，离为日，日为天之气也；坎为一阳降于坤之中，坎为月，月为地之气也。日为天之气，自西而下，以交于地；月为地之气，自东而上，以交于天。日月交错，一昼一夜，循环三百六十度，而扰扰万绪起矣，三百六十爻诸卦乃生。而月上于天，日入于地，男女媾精之象，一往一来，卦画有中通之象。孔子将离、坎训为火、水，而不言日、月，是言其用而不言其体。艮卦从卦画看是山自天坠，而世说"山者地之物"。坎、巽、震、兑卦释为月、风、雷、雨，从卦画看皆自地出，而世说"月风雷雨，天之物"，这些世说未审卦画，凭直观而言，皆是不准确的，所以通晓卦画，可以穷理尽性。

陈抟认为八卦卦象在周文王、周公旦卦爻辞中没有明确指代物，只是涉及了一些物象；孔子用天、地、雷、风、水、火、山、泽八物指代八卦，是从大的方面着眼。实际上八卦卦象非常丰富，无所不统，一身一物便具八卦。凡天下所谓健者皆乾也；顺者皆坤也；动者皆震也；入者皆巽也；陷者皆坎也；丽者皆离也；止者皆艮也；说者皆兑也。陈抟认为《易传·

说卦》所说的"乾为首，坤为腹，震为足，巽为股，坎为耳，离为目，艮为手，兑为口"，即八卦对应八体中，有两个比象不准确，即巽为股不合适，应为手，艮为手不合适，应为鼻，这样才符合孔子的本旨，亦与伏羲八卦方位相对应：盖乾为首，坤为腹，天地定位；坎为耳，离为目，水火相逮；艮为鼻，兑为口，山泽通气；巽为手，震为足，雷风相薄。陈抟认为易者，象也，依物象以为训，因此六十四卦皆有取象，如屯卦象草木，蒙卦象童稚，需卦象饮食，讼卦象争讼，师卦象军阵，比卦象依附，家人卦象家正，睽卦象覆家，余卦尽然。而六十四卦互为错卦，名义无不反对，如师卦正众，比卦兴王；履卦蹈艰危，小畜卦享安富；同人卦穷而在下，大有卦达而在上；临卦出而治人，观卦入而处己；谦卦止在象后而存义，豫卦动在象前而知几；中孚卦始生，小过卦夭折；颐卦成人而养生，大过卦寿终而丧死；渐卦正而进，归妹卦悦而合；噬嗑卦贪而致罪，贲卦节而文饰；丰卦得所归而富盛，旅卦失所基而困穷。反对诸卦还有一个特点，即"有本有余，气序自然"，就是说正卦属阳为主，为本气，反卦属阴为辅，为余气。如乾为本气，坤为余气；屯为本气，蒙为余气；需为本气，讼为余气；师为本气，比为余气。而在卦序中，乾而后坤，屯而后蒙，需而后讼，师而后比，除了考虑名义反对外，本余气也是很重要的因素。六十四卦中，乾、坤、坎、离、颐、大过、中孚、小过八个卦卦象比较特殊，倒正不变，乃生死、寿夭、造化的枢机。

陈抟解释"一卦之中，凡具八卦；有正有伏，有互有参"，正指一卦中的上下二体，下为内卦，上为外卦；伏指上下二体隐在背后的反体；互指一卦二三四五中爻组成的两个互体；参指二互体参合而成的新卦体。由于正伏互参，一卦中就包含了其他一些卦体。那么一卦何以具八卦？盖一卦自有八变，如乾卦一爻变，为姤卦；二爻变，为遁卦；三爻变，为否卦；四爻变，为观卦；五爻变，为剥卦；四爻变回原爻，为晋卦；内卦变回本卦；为大有卦；外卦变回本卦，复为乾卦。陈抟认为这就像《庄子》中所说的久竹生青宁，青宁生程，程生马，马生人，人死反入于机，万物皆出于机，入于机。每卦卦体中还包含了天地四方之象，即初爻为地，上爻为天，二爻为北，五爻为南，三爻为东，四爻为西，这即是《易传》所说的"变动不拘，周流六虚"。

陈抟认为从卦象看，坤卦上中下加三乾画，便生三男；乾卦上中下加三坤画，便生三女，乾坤之体皆在外，六子皆包在其中。数亦如此，乾数三，巽、离、兑四，震、坎、艮五，坤六；坤数六，震、坎、艮七，巽、离、兑八，乾九，乾坤之策皆在外，六子皆包在其中。六十四卦三百八十四爻，其中二十四爻为八卦重复叠数，而三百六十爻与常年之数合三百八十四爻与闰年之数合。象数派用一卦六日七分，或用除去震离坎兑四卦爻数进行解释，皆是不正确的，都没有注意到三百八十四爻与闰年的自然吻合。经过八卦八变，一岁三百六十其数已尽，而八卦八变指乾、姤、遁、否、观、剥、晋、大有，八变而复乾，则天之气尽；坤、复、临、泰、大壮、夬、需、比，八变而复坤，则地之气尽；震、豫、解、恒、升、井、大过、随，八变而复震，则雷之气尽；艮、贲、大畜、损、睽、履、中孚、渐，八变而复艮，则山之气尽；坎、节、屯、既济、革、丰、明夷、师，八变而复坎，则水之气尽；离、旅、鼎、未济、蒙、涣、讼、同人，八变而复离，则火之气尽；巽、小畜、家人、益、无妄、噬嗑、颐、蛊，八变而复巽，则风之气尽；兑、困、萃、咸、蹇、谦、小过、归妹，八变而复兑，则泽之气尽。八卦八变六十四卦数，则天、地、雷、风、水、火、山、泽之气皆尽也。

陈抟认为，凡物之象有盛有衰，凡物之数有进有退，进以此数，退以此数。如一年十二月，春夏为进数，秋冬为退数；昼夜十二时，自子为进数，自午为退数；人寿百岁，前五十为进数，后五十为退数。而卦气之数起于一，偶于二，成于三，无以加矣，重之为六。三少阳，六太阳；三春，六夏。此乾之数，是为进数。其退亦此数，三少阴，六太阴；三秋，六冬。此坤之数，是为退数。三画为经卦，六画为重卦，皆合乾进数坤退数。陈抟认为天所以有三时，以其气，凡附于气者必圆，圆径一而围三；地所以有四方，以其形，凡附于形者必方，方径一而围四。天数三，重之则六；地数五，重之则十。有四方，则有中央五；有中央、四方，则有四维，复之中央，是为十。凡附于形便具五数，五数既具，十数乃成。

陈抟认为筮法大衍之数五十，其用四十九，挂一而不用。一般学者只知道一为太极不动之数，而没有深究其中的道理。实际上一为数的宗本，大凡事物，无所宗本则乱，有宗本则不当用，用则复乱。如轮子滚动中轴不动，大车前行重心殿后；撒网纲则提起，用斧柄需握住；头脑在上，手足受其控制，大将居中，士兵听其指挥；君王无为而臣僚有为，贤者尊贵而能者操持。所以说，一为宗、为本、为主，皆有不动之理，一苟动，则其余错乱，事情就难以收拾。陈抟认为大衍之数五十，为一半百进数，而其用四十九，为体用全数。五十除一，是无一，即易"无形"；四十九挂一，是有一，即易"变为一"；用四十八，取八卦数变以占。八卦经画二十四，重之则四十八，又每卦六爻变六八四十八，则四十八者八卦数也。筮法用蓍草五十根，除一不用，余下四十九根任意分成两份，左手一份象征天，右手一份象征地，从右手任意取蓍草一根，置于左手四、五指间象征人。放下右手中的蓍草，用右手数左手中的蓍草；每四根一组，象征四季，直到余下四根，或四根以下，就把他们夹在左手三、四指间，象征闰月；再用左手数右手放下的蓍草，每四根一组，最后余下四根或四根以下，这样左右手的余数加上小指一根，必定是九根或五根，这是第一遍。将第一次演绎后余下的蓍草（四十四根或四十根）重新任意分成两份，从右手中取出一根，夹在左手四五指间，然后每四根一数，左右手余下的加上右手小指一根，必定是八根或四根，这是第二遍。再将余下的四十根，或三十六根，或三十二根蓍草，如前面两次一样再做一遍，余下的也必定是八根或四根，这是第三遍。经过三遍演算后，两手蓍草总数去掉余数八或四后，将会出现下列情况中的一种，即三十六根、三十二根、二十八根、二十四根，每种除以四，得九、八、七、六。九为老阳数，八为少阴数，七为少阳数，六为老阴数，老阳、少阳皆为一画阳爻，老阴、少阴皆为一画阴爻，但"老变少不变"，老阳一画阳爻可以变为一画阴爻，老阴一画阴爻可以变为一画阳爻。经此三变之后，筮占中第一爻即初爻就产生了，再同样重复五次经十五变，就可以得到其他五爻，这样六十四卦中的一卦就完成了。接下来就是根据卦象和卦辞占卜吉凶祸福，如果该卦中有老阳、老阴变爻，则需要结合相应的卦象和卦辞，综合进行占卜。

陈抟还将五行与八卦、河图、节气整合起来，解释五行之数的实际意义。五行之数，天一生水，坎之气孕于乾金，立冬节也；地二生火，离之气孕于巽木，立夏节也；天三生木，震之气孕于艮水，立春节也；地四生金，兑之气孕于坤土，立秋节也；天五生土，离寄戊而土气孕于离火，长夏节也。凡此皆言其成象矣。天一与地六合而成水，乾坎合而水成于金，冬至节也；地二与天七合而成火，巽离合而火成于木，夏至节也；天三与地八合而成木，艮震合而木成于水，春分节也；地四与天九合而成金，坤兑合而金成于土，秋分节也；天五与地十合而成土，离寄于己而土成于火也。凡此皆言其成形矣。陈抟还用倍数解释八卦、六十四卦的生成规律，即易为阴阳未分一太极，初以一阴一阳相间，是为两仪；次为二阴二阳相间，是为四象；再为四阴四阳相间，是为八卦；再八阴八阳相间、十六阴十六阳相间，倍数至三十二阴三十二阳相间，是为六十四卦。陈抟认为一至十数可分为生数和成数，一二三四五为生数，为阴阳之位，为天道；六七八九十为成数，为刚柔之德，为地道。以刚柔成数运于阴阳生数之上，然后天地交感，吉凶对应，而天下之事囊括其中矣。陈抟解释《冲虚经》中一段关于易数卦变的话："易无形埒。易变而为一，一变而为七，七变而为九。九者，究也，乃复变为一。"埒的意思是界域，"易无形埒"是说在宇宙虚空状态中，易是没有形象和边界的；"易变而为一"是说太极元气形变的开始，卦爻将要开始变化；"一变而为七"是说卦爻经过初爻变、二爻变、三爻变、四爻变、五爻变、六游魂爻变、七归魂爻变，本宫的卦气已经革尽；"七变而为九"是少阳七经过二变，而进至老阳九；"九者，究也，乃复变而为一"是说九为阳数之极，九变已到终极，于是复变为一还本，返回太极元气形变的开始。

陈抟认为易、道同源同质，《易》《老》宗旨是相通的，皆为阐释宇宙万物阴阳运动的学说。而"易道弥满，九流可入"，周文王、周公旦以庶类入，孔子以八物入，都是研究易道的佼佼者；后人或以律度入，或以历数入，或以仙道入，以此可以知道易道广大，无往而不可。陈抟认为今天研究《易》道，如果仍然拘泥于辞训，墨守前人的成说，哪怕是经典权威的解说，不敢越雷池一步，是不得法也，是没有悟性的表现。如果懂得"活法"，自心了悟，则"辞外见意，而纵横妙用，惟吾所欲"。陈抟还将伏羲卦画《正易》，用《春秋》打个比方，左丘明本为《春秋》作传，而后世则把玩左氏文辞，致《左传》孤行，而《春秋》的微旨反而逐渐泯灭失传了。陈抟认为《易》之有辞，本为阐扬伏羲卦画，而后世学者不知借辞以明卦画，反而沉溺于辞，加以训注，又承袭谬误，使伏羲初意不行于世。这是贯穿全书的基本观点，首尾呼应，反复强调，以便引起易学界的重视和警省。

《正易心法注》确是一部奇书，但由于书中大胆批评周文王、周公旦、孔子三位儒家圣人，加上南宋大儒朱熹将此书断为戴师愈的伪作，致使这部奇书长期被湮没，得不到应有的重视和彰扬。但当时还是有一些有识之士认识到了这部由两位高隐撰著的奇书在易学发展史上非同寻常的重要价值。北宋与邵雍、周敦颐同时代的庐山隐者李潜在序中说："一滴真金，源流天造，前无古人，后无来者，翩然于羲皇心地驰骋，实物外真仙之书也。读来十年方悟，浸渍触类，以知易道之大，如是也，得其人当与共之。"南宋与朱熹、吕祖谦齐名的张栻虽然站在儒家立场，观点与麻衣道者、陈抟有所不同，但仍然赞叹道："呜呼！此真麻衣道者之书也。其说独本于羲皇之画，推乾坤之自然，考卦脉之流动，论反对变复之际，深矣，其自得者欤？希夷隐君，实传其学。二公高视尘外，皆有长往不来之愿，仰列御寇、庄周之徒欤？"

《易龙图》

　　《宋史·艺文志》易类书目中收有陈抟《易龙图》一卷，此书已佚。南宋吕祖谦编《宋文鉴》中收有陈抟的《易龙图序》一文，此文不长，现全文摘录：“且夫龙马始负图，出于羲皇之代，在太古之先也。今存已合之位，尚疑之，况更陈其未合之数耶！然则何以知之？答曰：于仲尼三陈九卦之义，探其旨，所以知之也。况夫天之垂象，的如贯珠，少有差，则不成其次序矣。故自一至于盈万，皆累累然，如系之于缕也。且若龙图本合，则圣人不得见其象。所以天意先未合而形其象，圣人观象而明其用。是龙图者，天散而示之，伏羲合而用之，仲尼默而形之。始龙图之未合也，惟五十五数，上二十五，天数也，中贯三五九，外包之十五，尽天三天五天九，并十五之位，后形一六无位，又显二十四之为用也，兹所谓天垂象矣。下三十，地数也，亦分五位，皆明五之用也。十分而为六，形地之象焉。六分而成四象，地六不配。在上则一不用，形二十四，在下则六不用，亦形二十四。后既合也，天一居上为道之宗，地六居下为气之本。天三干，地二地四为之用。三若在阳则避孤阴，在阴则避寡阳。大矣哉！龙图之变，歧分万途。今略述梗概焉。”

　　陈抟在《易龙图序》中认为龙马负图启迪人类，是在远古的伏羲氏时代；今天的学人对龙图的已合之位和未合之数采取怀疑的态度，主要是没有掌握认识自然规律的方法。实际上，孔子在《易传·系辞》中的“三陈九卦之义”，就对我们认识易龙图不无启发。何谓“三陈九卦之义”？就是孔子对履、谦、复、恒、损、益、困、井、巽九卦的卦义，用不同词一连解释了三遍，而认识龙图演变的象数奥秘，也要分三个阶段。陈抟认为日月星辰的运行是很有规律的，就像挂在天上的一串串明珠，稍有偏差，就会出现混乱。所以天体运行，森罗万象，次序井然，是有内在的规律在掌控，就像牵引一串串明珠的绳缕。假如龙图的呈现不分三个阶段，圣人则难以了解龙图象数变化的规律，更不能明白龙图的实际用途。所以龙图经过了三变，即一变为天地未合之数，二变为天地已合之位，三变为龙马负图之形。伏羲氏根据龙图的启示画出了八卦卦象，孔子则根据龙图的启示写出了一些解易经文。

陈抟《易龙图序》的下半段主要是谈龙图三变。元代张理在《易象图说》中绘有龙图三变的图式，论述了龙图三变而为河图、洛书的全过程。图式用黑白点（很像围棋子）表现一至十十个数字，黑白点之间用线条连接，用以解释天地万物生成演化的规律。一个白点或黑点表示一的意思，白点表现一、三、五、七、九单数，称奇数，属阳，象征天；黑点表现二、四、六、八、十双数，称偶数，属阴，象征地。

龙图一变为天地未合之数，内容从序中"始龙图之未合也，惟五十五数"，至"十分而为六，形地之象焉"。张理用两个图式表现天地未合之数五十五，天数二十五在上，地数三十在下。天数图用白点表示，五个数为一组，共分五组，解释"上二十五，天数也。中贯三五九，外包之十五"。地数图用黑点表示，六个数为一组，亦分五组，解释"下三十，地数也，亦分五位，皆明五之用也。十分而为六，形地之象焉"。而"后形一六无位，又显二十四之为用也"，是说在以后的龙图变化中，天数中的一和地数中的六皆不配位，所以天数二十五去一，起作用的是二十四，地数三十去六，起作用的也是二十四。

龙图二变为天地已合之位，内容是序中"六分而成四象，地六不配。在上则一不用，形二十四；在下则六不用，亦形二十四"。张理将天数图与地数图相交合，图式发生了较大变化，天数图去除十个数，成为奇偶数配合之状，上五一组一不动，去四个数；左五一组去二为三；下五一组，去三为二；中五一组不动。上中右为一五三三个奇数，下左为二四两个偶数，表现参天两地之象。所去掉的十个数，则安排在地数图的变化中。地数图重新组合，亦成为奇偶数配合之状，地数中间六一组，去一加给上六一组为七，去二加给左六一组为八，去三加给右六一组为九，下六一组不动。此即"六分而成四象"，四象指老阳、老阴、少阳、少阴四象数九、六、七、八。天数图重组中去掉的十，则居于重组后地数图中间。这样经过二变后的龙图，上图天象五个组，为一二三四五，表示五行之生数，下图地象五个组，为六七八九十，表示五行之成数，也可以说，上图天象五个数，各加五，即成地象五个数。

龙图三变为龙马负图之形，内容为序中的"后既合也，天一居上为道之宗，地六居下为地之本。天三干，地二地四为之用。三若在阳则避孤阴，在阴则避寡阳"。张理将龙图二变中的上下两个图式合在一起，则为三变图式。相合的结果是，上图天一居于下图地六之上，此即"天一居上为道之宗，地六居下为地之本"，天一和地六为一组；上图天三、地二、地四，与下图七、八、九相配合，即"天三干，地二地四为之用"。孤阴指上图中的二、四，寡阳指下图中的七、九，上下图相合时，一三五不与二四同处，六八十不与七九同处，此即"三若在阳则避孤阴，在阴则避寡阳"。这种图式如果配以五行，则下北方，为天一生水，地六成之；上南方，为地二生火，天七成之；左东方，为天三生木，地八成之；右西方，为地四生金，天九成之；中央为天五生土，地十成之，这即是五行生成图。上下两图相交还有一种情况，上图中五不动，下图中十隐藏起来，凡奇数一三七九分别居于四正位，凡偶数二四六八分别居于四隅位，这即是九宫图。此图式，纵、横、斜相加皆为十五。五行生成图和九宫图，皆可以生出八卦之象，即除去中间五或十，余为一二三四六七八九，居于八位；至于如何配以八卦，序中没有明言，图书学派的传人后来有各种解释。

张理在《易象图说》中对陈抟《易龙图序》的解释图式及观点影响较大，后来不少学者都认为陈抟所说的龙图即是河、洛之图。关于九、十之数，何为河图，何为洛书，历史上曾经有过争论，大体上倾向河图为十、洛书为九的意见多。河图、洛书虽然都是用黑白点画成，但因为点数不同，一为五十五数，一为四十五数，因而图式也就不一样，对图式内涵的解释也不一样。

关于河图、洛书的名称和内容，文献中有各种说法，说明陈抟图易学的观点是有一定历史根据的。《尚书·顾命》："越玉五重陈宝：赤刀、大训、弘璧、琬琰在西序，大玉、夷玉、天球、河图在东序。"这里的河图指周成王留下的八件宝物之一。《论语·子罕》中孔子感叹道："凤鸟不至，河不出图，吾已矣夫！"这里的河图指河里出来的祥瑞之图。《墨子·非攻》："赤鸟衔珪，降周之岐社，曰：天命周文王伐殷有国。泰颠来宾，河出绿图，地出乘黄。"这里的河图也是一种祥瑞之图，绿既可以作为颜色看，也可以作箓解，箓即符箓，一种带有神秘色彩的图形化符号。《易传·系辞》："河出图，洛出书，圣人则之。"这里河图、洛书已经并称，均是圣人效法的范式。《淮南子·俶真训》："古者至德之世，贾便其肆，农乐其业，大夫安其职，而处士修其道。当此之时，风雨不毁折，草木不夭，九鼎重味，珠玉润泽，洛出丹书，河出绿图。"《礼纬·含文嘉》："伏羲德洽上下，天应以鸟兽文章，地应以河图、洛书。"均把河图、洛书放到了上古圣世。郑玄引《春秋纬》："河以通乾出天苞，洛以流坤吐地符。河龙图发，洛龟书成。"扬雄《核灵赋》："大易之始，河序龙马，洛贡龟书。"张衡《东京赋》："龙图授义，龟书界似。"这里均把河图、洛书负在龙头马身的神物和灵龟身上。《汉书·五行志》："刘歆以为伏羲氏继天而王，受《河图》，则而画之，八卦是也；禹治洪水，赐《洛书》，法而陈之，《洪范》是也。""河图、洛书相为经纬，八卦、九章相为表里。"这里刘歆将河图判给伏羲，是《周易》八卦的源头，将洛书判给夏禹，是《尚书·洪范》九畴的源头。《玉海》引三国姚信语："连山氏得河图，夏人因之曰《连山》；归藏氏得河图，商人因之曰《归藏》；伏羲氏得河图，周人因之曰《周易》。"王洙《易传》："《山海经》云：伏羲氏得河图，夏后因之，曰《连山》；黄帝氏得河图，商人因之，曰《归藏》；列山氏得河图，周人因之，曰《周易》。"二说内容有异，但均认为河图是"三易"《连山》《归藏》《周易》的源头。1987 年，安徽含山凌家滩的一座新石器墓葬中出土了一个玉龟和夹在玉龟腹背甲之间的玉板，玉板上刻画着相当复杂的图纹。学者对这些神秘的远古图纹的含义有各种解释，其中有一种解释认为与洛书和八卦相关。

关于河图、洛书的具体形制，也有一些历史根据。先看河图，《尚书·洪范》："五行：一曰水，二曰火，三曰木，四曰金，五曰土。水曰润下，火曰炎上，木曰曲直，金曰从革，土爰稼穑。润下作咸，炎上作苦，曲直作酸，从革作辛，稼穑作甘。"这里把一二三四五与五行相配。《易传·系辞》："天一，地二，天三，地四，天五，地六，天七，地八，天九，地十。天数五，地数五，五位相得而各有合。天数二十有五，地数三十，凡天地之数五十有五。此所以成变化而行鬼神也。"这里把十个数分成天数、地数，也就是赋予数以阴阳属性。《吕氏春秋》：孟春之月，其日甲乙，其数八，立春盛德在木，迎春于东郊；孟夏之月，其日丙丁，其数七，立夏盛德在火，迎夏于南郊；季夏之月，中央土，其日戊己，其数五；孟秋之月，其日庚辛，其数九，立秋盛德在金，迎秋于西郊；孟冬之月，其日壬癸，其数六，立冬盛德在水，迎冬于北郊。这里把五六七八九配五行四季四方。把这三段话的内容尤其是数理关系综合起来考虑，即可画出一幅五行生成图，与黑白点的河图十分相近。

再看洛书，《吕氏春秋》：孟春天子居青阳左个，仲春居青阳太庙，季春居青阳右个；孟夏居明堂左个，仲夏居明堂太室，季夏居明堂右个；中央土居太庙太室；孟秋居总章左个，仲秋居总章太庙，季秋居总章右个；孟冬居玄堂左个，仲冬居玄堂太庙，季冬居玄堂右个。这里描绘的是天子一年的居处形制，也就是上古类似井田的明堂制度。《大戴礼记·明堂》："明堂者，自古有之，凡九室，室四户八牖。二九四，七五三，六一八。"后人根据《吕氏春秋》的内容和这九个数的排列顺序和位置，画出了古明堂图，和黑白点的洛书十分相近。还有一种太一神游九宫的记载，《易乾凿度》："易一阴一阳，合而为十五之谓道。阳变七之九，阴变八之六，亦合于十五，则象变之数。若一阳动而进，变七之九，象其气之息也；阴动而退，变八之六，象其气之消也。故太一取其数以行九宫，四正四维皆合于十五，五音、六律、七宿由此作焉。"《灵枢·九宫八风》中太一神游九宫的记载更加具体："太一常以冬至之日居叶蛰之宫四十六日，明日居天留四十六日，明日居仓门四十六日，明日居阴洛四十五日，明日居上天四十六日，明日居玄委四十六日，明日居仓果四十六日，明日居新洛四十五日，明日复具叶蛰之宫，曰冬至矣。太一日游，以冬至之日居叶蛰之宫，数所在，日徙一处，至九日，复反于一。常如是无已，终而复始。"1977 年，安徽阜阳双古堆西汉汝阴侯墓出土了一只太一九宫占盘，将太一游九宫的记载制作成一种盘状的图式，并附有文字说明，作为占卜之用。这种图式的形制和黑白点的洛书十分相近，只不过黑白点的计数方法更加古老。考古发现，在新石器时代的一些陶器上，残留了不少类似黑白点的人工痕迹。

元初道士雷思齐在《易图通变》中自称见过陈抟的《易龙图》一书。根据他的记述，《易龙图》主要由图式构成，共有二十一幅图，总称《龙图离合变通图》，第一图为《龙马图》，其余二十幅图，"全用《大传》天一地二至天五地十，五十有五之数，杂以纳甲，贯穿易理"。其中有一幅《形九宫图》下附有一《形洛书图》，尽去其五生数，只用地六至地十，解释为"十为用，十为成形，故《洪范》陈五行之用"。至书末的两幅图，其一《形九宫图》，标为河图，其二标为洛书，尽置列五十五数于四方及中央。雷思齐认为这是宋代刘牧将洛书定为五十五数的源头，也是后来河洛九十之争的源头。同时他认为陈抟的龙图本图，即是以汉代太一九宫图为摹本，依据五行生成图绘出的图仅仅是附图，后人舍本逐末，遂导致河图、洛书并出的局面。这是否是陈抟的本意，因为《易龙图》一书已佚，所以不得而知。

《太极图》

太极图又称古太极图、先天太极图、太极真图、天地自然图等，也就是民间俗称的双鱼图，有极高的知名度和影响力，是道家、道教最具代表性的标志符号。一些史书称太极图由陈抟图书派推出，原在蜀、汉一带道流间辗转秘传，与前面所说的龙图即河洛之图关系密切，其历史渊源亦十分久远。

据清胡渭《易图明辨》的研究，陈抟一系虽然绘出了古太极图，但仅在蜀、汉一带道流中秘传，把它公之于世、广为人知的是儒家学者。宋末元初，袁桷在《谢仲直易三图序》中指出，朱熹曾嘱咐其学友蔡元定入蜀、汉寻访古易图。蔡元定后在蜀地遇隐者，得三图而归，三图一为先天太极图，二为太一九宫图，三为五行生成图。蔡元定在自己后来的传世著述中，没有公布这三幅古易图。朱熹在《周易本义》卷首附录的九幅易图中，图一河图即五行生成图，图二洛书即太一九宫图，但没有先天太极图，一般认为他没有见过这幅图。明初赵㧑谦在《六书本义》中保存了这幅图式，称之为"天地自然之图"，并谈道："此图世传蔡元定得于蜀之隐者，秘而不传，虽朱子亦莫之见。今得之陈伯敷氏，尝熟玩之，有太极涵阴阳，阴阳涵八卦之妙，实万世文字之本原，造化之枢纽也。呜呼，神哉！"

胡渭在《易图明辨》中具体解释了这幅图：其环中为太极，两边白黑回互，白为阳，黑为阴，阴盛于北而阳起薄之。自震而离而兑，以至于乾，而阳斯盛焉。震东北，白一分黑二分，是为一奇二偶；兑东南，白二分黑一分，是为二奇一偶；乾正南，全白，是为三奇纯阳；离正东，取西之白中黑点，为二奇含一偶。阳盛于南而阴来迎之，自巽而坎而艮，以至于坤，而阴斯盛焉。巽西南，黑一分白二分，是为一偶二奇；艮西北，黑二分白一分，是为二偶一奇；坤正北，全黑，是为三偶纯阴；坎正西，取东之黑中白点，为二偶含一奇。坎离为日月，升降于乾坤之间而无定位，纳甲寄中宫之戊己，故东西交易与六卦异也。八方三画之奇偶，与白黑之质次第相应，天工乎？人巧乎？其自然而然之妙，非窃窥造化阴阳之秘者，亦不能为也。胡渭的解释"取《参同契》之月体纳甲、二用、三五与九宫八卦混而一之者也"。赵仲全在《道学正宗》中也简单明了地解释了这幅图："古太极图，阳生于东而盛于南，阴生于西而盛于北，阳中有阴，阴中有阳，而两仪，而四象，而八卦，皆自然而然者也。"

太极图是对《周易》和《老子》两段经典语录的最佳图式演绎。《易传·系辞》云："易有太极，是生两仪，两仪生四象，四象生八卦。"《老子》四十二章："道生一，一生二，二生三，三生万物。万物负阴而抱阳，冲气以为和。"皆是谈宇宙万物生成演化模式，太极图的表达方式更加直观形象，古朴自然，生动活泼。

一些学者认为，太极图与东汉魏伯阳的《周易参同契》有些渊源。首先，太极图以乾南坤北离东坎西为四正卦，与《参同契》的说法相同："天地设位，而易行乎其中矣。天地者，乾坤之象也；设位者，列阴阳配合之位也。易谓坎离，坎离者，乾坤二用。"《参同契》以乾坤为天地之象，坎离为日月之象，乾坤居上下，坎离居左右，太极图四正卦的方位与此是相符的。其次，太极图黑白相间阴阳环抱的图像，与《参同契》月体纳甲说是相似的。月体纳甲说认为阳气生于东北，而盛于正南，震、离、兑、乾四卦位表现望月前三候，阳息阴消的月象；阴气生于西南，而盛于正北，巽、坎、艮、坤四卦位表现望月后三候，阳消阴息的月象。白中有黑点意味着日中原有阴魂，黑中有白点意味着月中原有阳精；日月运行时，黑白二点一般含蕴不出，当望夕之时，月出东方，坎离易位，盛阳将变革，日中阴魂方发挥作用，与对方之阴相感应，流出而为生阴之本，此即白中显露黑点；当晦朔之间，月落西方，坎离正位，盛阴将变革，月中阳精方发挥作用，与对方之阳相感应，流出而为生阳之本，此即黑中显露白点。将八卦与十天干相配，坎为月精纳戊，离为日光纳己，无定位，居于中宫，乾坤甲壬，坤纳乙癸，震巽纳庚辛，艮兑纳丙丁，围于四周，反映月亮晦朔弦望整个盈亏周期的阴阳消息征象。所以胡渭在《易图明辨》中认为：太极图"举《参同》千言万语之玄妙，而括之以一图，微而著，约而赅，丹家安得不私之为秘宝，而肯轻出示人耶?"也就是说，太极图一幅图就将"丹经宝典"《周易参同契》的千言万语诠释得淋漓尽致，一览无余，所以道教丹鼎炼养派将太极图视为秘宝，决不肯轻易公之于世。

明张介宾在《类经图翼》中说：太极者，天地万物之始也。太始天元册文曰：太虚寥廓，肇基化元。老子曰：无名天地之始，有名天地之母。孔子曰：易有太极，是生两仪。邵子曰：若论先天一事无，后天方要着工夫。由是观之，则太虚之初，廓然无象，自无而有，生化肇焉，化生于一，是名太极，太极动静而阴阳分。故天地只此动静，动静便是阴阳，阴阳便是太极，此外更无余事。物之大者，莫若天地，天之大，阴阳尽之，地之大，刚柔尽之。阴阳尽而四时成，刚柔尽而四维成。四象既分，五行以出，而为水火木金土。五行之中，复有五行，阴根于阳，阳根于阴，阴阳相合，万象乃生。朱子曰：太极分开，只是两个阴阳，阴气流行则为阳，阳气凝聚则为阴，消长进退，千变万化，做出天地间无限事来，是故无往而非阴阳，亦无往而非太极。张介宾总结道：无极而太极者先天，太极而阴阳者后天；数之生者先天，数之成者后天；无声无臭者先天，有体有象者后天。先天者太极之一气，后天者两仪之阴阳，阴阳分而天地立，是为体象之祖，而物之最大者也。由两仪而四象，由四象而五行。

明来知德在《易经来注图解》中认为太极图甚为古朴自然，应该来源很早，为伏羲氏时代的作品。他认为所谓太极，本混沌未开之太虚灵气，视之不见，听之不闻，循之不得，圣人不得已而画成图式，以启迪先民。在这幅古图上，阴阳、刚柔、翕辟、摩荡，凡两仪、四象、八卦，皆圆融兼备，这就是一阴一阳之道，生生之易，阴阳不测之神。细玩图式，由微至著，浑然无穷，即易所谓乾元资始乃统天。为什么这么说？你看图式分阴分阳，而阴即阳之翕，纯阴纯阳，而纯阳即一阳之积。一阳起于下者虽甚微，而天地生生变通莫测，皆根源于此。由此意观河洛，河图一、六居下，洛书戴九履一，其位数生克不齐，而一皆起于下也；由此意观周易，六十四卦始于乾，而乾初九潜龙勿用，谓阳在下也。先天图圆图起于复卦即是此意，横图复卦起于中，方图震卦起于中是同样道理，后天图帝出乎震卦亦是此意。诸卦爻图象不同，无非是有所变化，然其要旨，皆在于教人反求己身，把握统天之元，洞彻造化之秘，与天地同悠久。正因为如此，天之所以为天，故曰乾以易知；地之所以为地，故曰坤以简能；人之所以为人，故曰易简理得，而居于天地之中。人亦是一小天地，上下同流，万物一体，而天、地、人同归于一太极中。言其博大，则尽乎造化之运；言其简约，则握乎造化之枢，这就是我们看到的古太极图。

清毛奇龄在《太极图说遗议》中认为："其在当时传太极者，颇知所自，悉不以其图为然。故宋、元间人，凡易家辄自为一图，而钩深抉隐，穿凿变怪之害生焉。顾自汉晋以后，隋唐以前，阐辞释象，并不敢妄加点画于其间，而其后绘画满纸，千态万状，皆自此始。"他将蔡元定入蜀从道隐中寻得的太极真图放在最前面，后面又列举了各种表现太极的新图式，如刘牧易钩隐图、董季真会通图、林德久易裨传图、王秋山大易缉说图、杨鼎卿古注图、胡玉斋启蒙图、洪迈两仪图、张仲纯图、间丘逢辰图、熊任重本义集成图、李蒙斋学易记图、王湜学易图、吴草庐纂言图、鲍天厚发微易类图、胡云峰图等。毛奇龄站在清儒立场，对这种以图释易现象表示不满，但从反面说明了太极图广泛而深远的影响。

《先天图》

先天图是陈抟图书派推出的演绎伏羲易学的另外一组图式，收入朱熹《周易本义》卷首，称之为"伏羲四图"，即《伏羲八卦次序图》《伏羲六十四卦次序图》《伏羲八卦方位图》《伏羲六十四卦方位图》。朱熹认为"伏羲四图"出自邵雍，其先天易学思想源于陈抟。

《伏羲八卦次序图》和《伏羲六十四卦次序图》是用黑白方格交错排列、层层展开的图式，白格代表阳，黑格代表阴，演绎八卦和六十四卦形成过程中的数理关系。邵雍在《观物外篇》中说："太极既分，两仪是矣。阳下交于阴，阴上交于阳，四象生矣。阳交于阴，阴交于阳，而生天之四象，刚交于柔，柔交于刚，而生地之四象，于是八卦成矣。八卦相错，然后万物生焉。是故一分为二，二分为四，四分为八，八分为十六，十六分为三十二，三十二分为六十四。故曰分阴至阳，迭用柔刚，故易六位而成章也。"这段话前半段阐述八卦形成过程，后半段阐述六十四卦形成过程，强调"一分为二"的数理关系。这一思想来源于陈抟，陈抟在《正易心法注》中说："古人何以见《易》乎？以至先天诸卦，初以一阴一阳相间，次以二阴二阳相间，倍数至三十二阴、三十二阳相间。"这里所说的"倍数"即是邵雍"一分为二"的意思。

　　《伏羲八卦方位图》是关于先天八卦方位的环形图式，朱熹认为这个图式是演绎《易传·说卦》的："天地定位，山泽通气，雷风相薄，水火不相射。八卦相错，数往者顺，知来者逆，是故易逆数也。"对于《说卦》的这个说法，陈抟有两个解释："盖乾为首，坤为腹，天地定位也；坎为耳，离为目，水火相逮也；艮为鼻，兑为口，山泽通气也；巽为手，震为足，雷风相薄也。此羲皇八卦之应矣，其理昭昭。""先天用九，谓乾一与坤八，震四与巽五，兑二与艮七，离三与坎六，纵横皆九，而其九居中也。"也就是说，在先天八卦方位图中，乾居正南，坤居正北，离居正东，坎居正西，震居东北，巽居西南，艮居西北，兑居东南。其数理关系是乾一兑二离三震四巽五坎六艮七坤八，乾一对坤八，兑二对艮七，离三对坎六，震四对巽五，相加皆为九，九居中宫。阴阳交错，彼此对待，左顺右逆，升乾降坤，皆妙合自然。这个图和《伏羲八卦次序图》是相合的，和先天太极图也是相合的。而后天八卦方位图，又称文王八卦方位图，与此图则有很大区别。后天八卦的定位出自《易传·说卦》："帝出乎震，齐乎巽，相见乎离，致役乎坤，说言乎兑，战乎乾，劳乎坎，成言乎艮。"即离居正南，坎居正北，震居正东，兑居正西，巽居东南，乾居西北，艮居东北，坤居西南。其数理关系是坎一坤二震三巽四乾六兑七艮八离九，坎一对离九，坤二对艮八，震三对兑七，巽四对乾六，相加皆为十，五居中宫，与洛书的形制十分相似。

《伏羲六十四卦方位图》是关于六十四卦卦位的方圆两种图式，方图套在圆图中，形成一个外圆内方的方圆合一图。这个图式由邵雍传出，也源自陈抟。六十四卦方圆图的排列是很有规律的，圆图是在方图序列的基础上排定的。所以先看方图的排列，六十四卦分别排成横八个卦，竖八个卦，八八六十四卦，恰好构成一个正方形卦画图。而六十四卦中的每个卦，在方图中都不是随意排列的，而是依据一定的原则，也就是按照先天八卦数理的规律，即乾一兑二离三震四巽五坎六艮七坤八。首先从最下面一行右边第一个乾卦排起，然后向上竖排，第二卦是天泽履，第三卦是天火同人，第四卦是天需无妄，第五卦是天风姤，第六卦是天水讼，第七卦是天山遁，第八卦是天地否。这八个卦的外卦皆为天，即乾经卦，内卦的顺序是天泽火雷风水山地，即乾兑离震巽坎艮坤，用先天八卦数来表示这八个卦的内外卦，即是一一、一二、一三、一四、一五、一六、一七、一八。再看乾卦向左排列的一行，也就是最下面一行，从乾卦开始，第二卦是泽天夬，第三卦是火天大有，第四卦是雷天大壮，第五卦是风天小畜，第六卦是水天需，第七卦是山天大畜，第八卦是地天泰。这八个卦的内卦皆为天，即乾经卦，外卦的顺序是天泽火雷风水山地，即乾兑离震巽坎艮坤，用先天八卦数来表示这八个卦的内外卦，即是一一、二一、三一、四一、五一、六一、七一、八一。第二横行，履一二兑二二睽三二归妹四二中孚五二节六二损七二临八二；第二竖行，夬二一兑二二革二三随二四大过二五困二六咸二七萃二八；直至横行第八行，即最上面一行，否一八萃二八晋三八豫

072

四八观五八比六八剥七八坤八八；直至竖行第八行，即最左边一行，泰八一临八二明夷八三复八四升八五师八六谦八七坤八八。很显然，六十四重卦的方图卦位，都是按照先天八卦数理关系来确定的。

六十四卦的圆图，是将乾卦放在上面的顶端，坤卦放在下面的底端，乾坤两卦之间形成一条中轴线，两边用半圆的图形，分别排列其他六十二卦。六十二卦的排列次序与方图相关联，先将方图最下面的第一横列乾、夬、大有、大壮、小畜、需、大畜、泰八个卦，依次从圆图的顶端向左下方排列，接着将下方第二横列履、兑、睽、归妹、中孚、节、损、临八个卦，依次接在泰卦后面向下排列，然后将下方第三、第四横列的十六个卦，依次接在临卦后面往下排，最后一个复卦紧靠在圆图底端坤卦的旁边，这样就排定了左边半个圆图。右边半个圆图从方图最上面的第一横列开始，顺序是从左边数起，与左半圆从右边数起不同，八个卦依次为坤、剥、比、观、豫、晋、萃、否，从圆图底端向右上方排列，接着是方图上方第二横列八个卦谦、艮、蹇、渐、小过、旅、咸、遁，接在否卦后面向右上方排列，然后是方图上方第三、第四横列十六个卦，依次接在遁卦后面向上排列，最后一个姤卦排在圆图顶端乾卦的旁边。这样，左右半圆图合拢，整个六十四卦圆图就完成了。

明杨慎在《升庵集·希夷易图》中记载了陈抟的一段话："易学，意、言、象、数四者不可阙一，其理具见于圣人之经，不烦文字解说，止有一图，谓先天方圆图也，以寓阴阳消长之说。"也就是说陈抟绘过方圆图，邵雍的图式出自陈抟。关于方圆图，朱熹有两个解释："此图圆布者，乾尽午中，坤尽子中，离尽卯中，坎尽酉中。阳生于子中，极于午中，阴生于午中，极于子中；其阳在南，其阴在北。方布者，乾始于北，坤尽于东南，其阳在北，其阴在南。此二者，阴阳对待之数，圆于外者为阳，方于中者为阴；圆者动而为天，方者静而为地者也。""圆图象天，一顺一逆，流行中有对待，如震八卦对巽八卦之类。方图象地，有逆无顺，定位中有对待，四角相对，如乾八对坤八之类。此方圆图之辨也。"这里是说圆图和方图既有区别，又有联系，圆图重点讲阴阳流行，着眼于时间过程，方图重点讲阴阳定位，着眼于空间方位。邵雍对方圆图也有解释："圆者六变，六六而进之，故六十变而三百六十矣；方者八变，故八八而成六十四矣。圆者径一围三，重之则六也；方者径一围四，重之则八也。裁方而为圆，天所以运行，分大而为小，地所以生化，故天用六变，地用八变也。圆者星也，历纪之数，其肇于此乎！方者土也，画州九地之法，其仿于此乎！盖圆者河图之数，方者洛书之文。故羲文因之而造易，禹箕叙之而作范也。"这里是说方圆图的数理关系，圆图代表天体运行的周期，历法之数来源于此，方图代表地理空间的范式，九州之分仿效于此，圆图与河图之数有关，方图与洛书之画有关。邵雍认为伏羲氏与周文王因为懂得方圆图的精髓而开创易道，大禹和箕子因为了解方圆图的内涵乃发明《洪范》。方圆图与《伏羲六十四卦次序图》是相合的，与先天太极图也是相合的，与河、洛之图也有关联。

总而言之，陈抟开创的图易学理论体系博大精深，圆融贯通，与汉代象数易学有联系，又有区别，个性鲜明，风格独特，意境高远，耐人寻味。朱熹在《周易本义》卷首图后说："右易之图九，有天地自然之易，有伏羲之易，有文王、周公之易，有孔子之易。自伏羲以上，皆无文字，只有图画，最宜深玩，可见作易本原精微之意。"

第 3 章

陈抟内丹术

陈抟是五代宋初内丹道的代表人物之一，钟吕内丹道的重要成员，他的内丹理论主要体现在《无极图》《指玄篇》《阴真君还丹歌注》《观空篇》《胎息诀》《二十四气坐功》等著述中，其内丹修炼实践最为引人注目的即是睡功，又称蛰龙法。陈抟的内丹术以老庄思想为宗旨，继承了《周易参同契》以来的道教丹学传统，老易互训，援佛入道，最终形成了一套较为系统完整的内丹修炼理论和方法，对宋代以后的道教发展产生了重要影响，因此被后世道教界尊称为"陈抟老祖"。

概述

道教的根本信仰是长生成仙。为了达到长生成仙的目的，道士们长期以来潜心钻研性命双修尤其是修炼命功的方法，这些修炼方法一般被称作方术或道术。道教方术名目繁多，来源不一，呈现"杂而多端"的特点，不过总体上看，主要有两个来源，分成两大系统。一是来源于神仙方术，包括守一、存神、行气、导引、服食、辟谷、房中、外丹、内丹等，一般为丹鼎派或炼养派道士所传习；一是来源于古代巫术，包括符箓、禁咒、祈禳、斋醮等，一般为符箓派道士所传习。两派道士在传习方术上来源不同，特点不同，但并不妨碍他们兼修，特别是在宋元以后，兼修的趋势更加明显，只是对某类方术有所侧重而已。

内丹术是相对于外丹术而言的，外丹术是指以丹砂、铅、汞等天然矿物石药为原料，用炉鼎烧炼，以制出服食后"长生不死"的丹药。汉魏以来，炼制药金药银一直是外丹术的重要内容，因此外丹术又称金丹术或黄白术。根据丹药主要原料的不同，外丹术分成几个派别，一是主张用黄金、丹砂炼制上品神药的金砂派；一是主张用铅、汞炼制至宝大药的铅汞派；一是主张用硫黄、水银炼制神丹大药的硫汞派。烧炼丹药有一套神秘仪式和众多禁忌讲究，带有浓郁的宗教色彩。

外丹术起源较早，影响较大，隋唐时期更是达到了鼎盛。炼丹流派繁多，炼丹理论丰富，不少帝王、官僚、富贵者亦热衷此道，祈求长生。然而物极必反，外丹毒副作用的弊端亦逐渐暴露出来，"服金者寿如金，服玉者寿如玉"的理想目标，事实证明都是愚妄迷狂的幻想，而丹药中所使用的丹砂、金、银、铅、汞、硫、砷等物质，都是含有毒性的，有些还有剧毒，"服食求神仙，多为药所误""欲求长生，反致速死"。据赵翼《廿二史札记》卷十九《唐诸帝多饵丹药条》记载，仅唐代，就有太宗、宪宗、穆宗、敬宗、武宗、宣宗六位皇帝死于丹毒。唐韩愈在《故太学博士李君墓志铭》中也列举了八位同朝臣僚死于丹毒的事实，痛陈服食丹药戕害性命的弊端。神仙长生之道，固然令人向往，可是在服食外丹者一个个毒发身亡的事实面前，即使是笃信痴迷者也不能不有所疑惧了。所以在外丹术风行之时，也正是内丹术萌芽之时。在外丹术弊端渐显、面临危机的情况下，隋唐一些道士开始探索新路，另辟蹊径。据陈国符《道藏源流考》的研究，内丹术肇始于隋代道士苏元朗。隋开皇中，苏元朗居罗浮山青霞谷，自号青霞子，修炼大丹，并依据《古龙虎经》《周易参同契》《金碧潜通秘诀》，撰写《龙虎金液还丹通玄论》《宝藏论》《旨道篇》等内丹著作，"自此道徒始知内丹矣"。入唐以后，修炼内丹的道士逐渐增多，内丹书籍亦逐渐增多，如张果内外丹兼修并著有《太上九要心印妙经》《大还丹契秘图》等内丹书籍，陶植著《还金述》《陶真人内丹赋》，羊参微著《元阳子金液集》，张元德著《丹论诀旨心鉴》，刘知古著《日月玄枢论》，还阳子著《大还丹金虎白龙论》，罗公远、叶法善注《真龙虎九仙经》，吴筠著《南统大君内丹九章经》，林太古著《龙虎还丹诀颂》，崔希范著《入药镜》等，孙思邈、司马承祯也有内丹著述。

内丹术借鉴了外丹术的一些名词，把人身体比作"炉鼎"，强调在精神意识的自我调控下，把握精液真气在经络脏腑系统中的运行，经过循序渐进的炼养步骤，使生命元素精气神凝聚成"圣胎"，也就是"内丹"，从而达到延年益寿长生不老的目的。内丹术融汇服气、存思、守一、导引、辟谷等诸种古代内养方术，同时在修炼思想和方法上又具有鲜明的时代特点。陈抟入道时的唐末五代，研习内丹术已经成为一种风气，并且以钟吕内丹道的崛起最为引人注目。钟离权和吕洞宾是传说中"八仙"的两位神仙，在道教史上名气很大，后世的道教信徒可以说人人皆知其名，伪托其名的道书也很多，可是在比较正式的史籍上，有关他俩生平事迹的记载却很少，因此一些学者怀疑他俩的真实存在，并且怀疑施肩吾所作的《钟吕传道集》是否真正代表钟吕思想。不过还是有不少学者认为钟离权和吕洞宾是唐末五代时期的道门高隐，作为高隐不为史家注意也是正常的，并且认为钟离权和吕洞宾确实是道教丹鼎炼养派由外丹术转向内丹术的关键人物，奠定了钟吕内丹道的基本理论和方法。

陈抟经孙君仿、獐皮处士指点，入武当山清修，习练服气、导引、辟谷等功法，都是走的偏于炼养派的内丹术路径，他在武当山可能从隐士中接触到的蛰龙法更是高深精妙的内丹术。他在武当山期间撰写的《指玄篇》八十一章、《入室还丹诗》五十首，皆是谈论修炼内丹的心得体会；可能作于这一时期，收入《正统道藏》的《阴真君还丹歌注》，亦是关于内丹术的理论阐释。他西游后蜀，拜高道何昌一为师，学习的锁鼻术，与蛰龙法有异曲同工之妙。何昌一的另一著名弟子谭峭所著的《化书》，对陈抟的内丹理论亦有影响。陈抟后来在华山交往的一批隐士，基本上都是修炼内丹术的高道。陈抟刻于华山石壁的无极图，据说是传自钟离权和吕洞宾。钟离权、吕洞宾与陈抟亦师亦友，陈抟对钟吕内丹道的建立和崛起作出了较大贡献。

陈抟精于易学和佛学，所以在构建阐发内丹理论时，大量融入了易学和佛学的宗旨和理念。比如他的图易学中的不少理论架构，都可以为道教修炼界效法、借鉴，一些易图在道门隐士中秘传不宣即是明证。太极图后来成为道教最具代表性的标志性图式，无极图是钟吕内丹道最经典完美的解释图式，河洛之图、先天图也可以为内丹道提供某些启迪，充分显示出易、道同源，易、老互融的特点。陈抟《观空篇》提出的五空论，则是借助佛教空观学说阐释内丹道的境界理论，他对睡功道术的阐释中也融入了佛教的觉悟理论，他的《指玄篇》《胎息诀》中亦有佛禅旨趣，这说明道佛思想在陈抟眼里异中有同，圆融无碍，完全可以会通互补。

《无极图》

　　无极图在道教修炼界影响很大，有些学者认为陈抟实际创立了钟吕内丹道，就是根据这幅图而言的。这幅图的来龙去脉也和前面的一些易图一样，比较古老神秘，主要是在道门隐士中秘传。

　　明代黄宗炎在《图学辨惑》中对无极图的形式和内容作了较为完整的介绍："其义自下而上，以明逆则成丹之法。其重在水火，火性炎上，逆之使下，则火不熛烈，惟温养而燠；水性润下，逆之使上，则水不卑湿，惟滋养而光泽。滋养之至，接续而不已，温养之至，坚固而不败。""就其图而述之，其最下圈名为'玄牝之门'，玄牝即谷神也。牝者窍也，谷者虚也，玄与神皆莫可指测之谓。在老庄而言，谓玄妙神化，即是此虚无而为万有之原；在修炼之家，以玄牝谷神为指人身命门两肾空隙之处，气之所由以生，是为祖气。凡人五官百骸之运用知觉，皆根于此。于是提其祖气上升为稍上一圈，名为'炼精化气，炼气化神'。炼有形之精，化为微芒之气；炼依希呼吸之气，化为出有入无之神。使贯彻于五脏六腑，而为中之五行生克图，名为'五气朝元'。行之而得也，则水火交媾，其上之黑白环相间之一圈，名为'取坎填离'，乃成圣胎。又使复还于无始，而为最上之一圈，名为'炼神还虚，复归无极'，而功用至矣。盖始于得窍，次于炼己，次于和合，次于得药，终于脱胎，诚仙真求长生之秘术也。"清代朱彝尊在《太极图授受考》中对无极图的介绍简单明了："其图自下而上：初一曰'玄牝之门'，次二曰'炼精化气，炼气化神'，次三五行定位，曰'五气朝元'，次四阴阳配合，曰'取坎填离'，最上曰'炼神还虚，复归无极'。故谓之无极图，乃方士修炼之术也。"

无极图是指导内丹修炼的经典图式，其根本宗旨"逆则成丹""复归无极"，主要来源于《老子》的"复归于朴""复归于婴儿""归根复命""致虚极，守静笃""反者道之动"等思想，即丹家常说的"顺而生人，逆则成仙"。从具体的修炼过程来看，共分五圈，也就是五个层次、阶段，由下往上，层层递进，最后炼神还虚，返本归真。

第一圈"得窍"，即"玄牝之门"。这是入门功夫，持守玄牝一窍。《老子》第六章曰："谷神不死，是谓玄牝。玄牝之门，是谓天地根。绵绵若存，用之不勤。"这里的玄牝指化生天地万物的虚无本源。陈抟说："人无论贤愚，质不分高下，俱可复全元始，洞见本来。所以然者，童相未漓，一真浩然，玄牝一穴，妙气回旋，三品光中，潜符太极，先天而生，后天而存，存存涵养，贯古彻今。"这里已经把人体看作一个小宇宙，玄牝成为孕育涵养生命的本源。玄牝即是中医经络学上所说的命门，在两肾之间，这里为水火交汇之处，是产生元气的地方。所以内丹修炼者的下手功夫，就是首先要知道"玄牝之门"在哪里，要知道"玄牝之门"的重要性，然后静下心来，气沉丹田，把意念集中在玄牝一穴上，这就是得窍守一的打基础阶段。

第二圈"炼己"，即"炼精化气，炼气化神"。这是在第一圈的基础上，炼有形之精，化为无形之气；炼依希之气，化为玄妙之神。按照内丹学说，炼丹药物由精、气、神构成，精、气、神是生命的三大元素。陈抟说："存精，养神，炼气，此乃三德之神，不可不知。"炼养派认为精、气、神皆有先天、后天之分，先天之精禀于父母，藏于五脏六腑，称为元精，后天之精来自水谷饮食；先天之气称为元气，后天之气来自水谷之气和口鼻呼吸之气；先天之神称为元神，后天之神称为识神。而精为有形质的阴物，后天之气亦多杂质，不能通过督脉上升至头顶。陈抟《指玄篇》说："涕唾精津气血液，七者元来尽属阴。若将此物为仙质，怎得飞神贯玉京。"所以必须将精与气合炼，化为精气合一的阳气，轻清无质，始能随意念沿任督二脉运转。在意念的控制下，阳气自脐下下丹田沿督脉上升，经过会阴、谷道、尾闾、夹脊、玉枕，到达头顶百会上丹田，再由百会沿任脉下降，经过印堂、人中、膻中（两乳之间的中丹田），再回到下丹田，循环一周，称为"小周天"。经过反复多次的炼精化气后，才能转入炼气化神。炼气化神主要通过"大周天"来实现。大周天与小周天的区别主要在于将鼎下移，小周天的鼎在头顶的上丹田，大周天的鼎在胸间的中丹田，炉和小周天一样，仍在下丹田。大周天的功夫是使元气氤氲于体内，舒缓祥和，自然活泼，无为而无不为，不再用意念控制沿任督二脉运转。陈抟《指玄篇》中所说的"苗苗裔裔绵绵理，南北东西自合来""必知会合东西路，切在冲和上下田"，说的即是大周天的修炼。在整个"炼精化气，炼气化神"的过程中，精神状态的清静淡定十分重要，也就是"炼己"的功夫，己按纳甲说指离卦，按五行说指土，均居于中心位置，"炼己"也就是修心。陈抟《胎息诀》"定心不动谓之曰禅，神通万变谓之曰灵，智通万事谓之曰慧，道元合气谓之曰修，真气归源谓之曰炼"，说的就是"炼己"功夫。

第三圈"和合"，即"五气朝元"。《性命圭旨》说："盖身不动则精固而水朝元，心不动则气固而火朝元，真性寂则魂藏而木朝元，妄情忘则魄伏而金朝元，四大安和则意定而土朝元，此谓五气朝元。"这是"炼气化神"的进一步发展。五气指五行之气，在人体中，水指肾，火指心，木指肝，金指肺，土指脾。此阶段充分调动元神，内炼五脏之气。《周易参同契发挥》说："盖眼既不视，魂自归肝；耳既不听，精自归肾；舌既不声，神自归心；鼻既不香，魄自归肺；四肢既不动，意自归脾。然后魂在肝而不从眼漏，魄在肺而不从鼻漏，神在心而不从口漏，精在肾而不从耳漏，意在脾而不从四肢孔窍漏。五者皆无漏矣，则精神魂魄意相与混融，化为一气，而聚于丹田也。"五气混融，和合归元，气神合炼，元聚丹田。

第四圈"得药"，即"取坎填离"。这是"五气朝元"的进一步升华。坎卦，阴中含阳，为水，水中生气，谓之真气，或称作虎；离卦，阳中含阴，为火，火中生水，谓之真火，或称作龙。陈抟《胎息诀》说："龙虎相交谓之曰丹，三丹同契谓之曰了。若修行之人知此根源，乃可入道近矣。"即指水火既济，取坎中之一阳，填离中之一阴，使离卦变为纯阳之乾卦，由后天复归先天，坎离交而"得药"之后，乾坤交而"结丹"，又称"结圣胎""结元婴"。陈抟《指玄篇》说："邈无踪迹归玄武，潜有机关结圣胎。"

第五圈"脱胎"，即"炼神还虚，复归无极"。这是内丹修炼的最高境界。经过"得窍""炼己""和合""得药"四个阶段，精气神反复合炼的结果，只留下"圣胎"元神。这时由有为进入无为，由命功转为性功，做到冥心凝神，一切顺乎自然，复归生命本源，进入虚空大化，从而长生不老，得道成仙。陈抟《指玄篇》说："若得心空苦便无，有何生死有何拘。一朝脱下胎州袄，作个逍遥大丈夫。"

睡功·蛰龙法

陈抟在中国道教史上被称为"睡仙"，他的睡功即蛰龙法，是他内丹修炼实践中最具代表性的高深功法。

关于陈抟睡功的来源，主要有三种说法：第一种是刘道明《武当福地总真集》云："陈抟入武当山隐居，诵《易》于五龙观侧。感五炁龙君，授之睡法。"第二种是文同《丹渊集》云："后晋天福中来游蜀，闻是州天师观都威仪何昌一有道术，善锁鼻息飞精，漠然一就枕辄越月始寤。遂留此学，卒能行之。"第三种说法是《吕祖全书》云："雍熙间，吕祖同刘海蟾西游华山，教希夷以养神炼精出神法诀。高隐华山，自称莲峰道士，得蛰龙法，恒长卧不起。"第一种说法认为陈抟睡功来源于隐居武当山五龙观时期，这是有可能的，不过得自五炁龙君带有神话色彩，可能是得自隐居五龙观一带的高道。第二种说法比较确切，认为是陈抟西游后蜀时，邛州天师观的高道何昌一传给他的。第三种说法认为是陈抟隐居华山时，吕洞宾传给他的，这也是有可能的，只是雍熙年间过晚，陈抟在华山修炼睡功时，可能融入了钟吕内丹道的功法。

关于睡功修炼的奥秘，陈抟与弟子金砺谈得最多，《历世真仙体道通鉴》记载了师徒俩的一段对话："砺伏谒甚恭，乃请于先生曰：'砺向游华山，欲见先生，会先生睡未觉，睡亦有道乎？愿先生诲之，开其所未悟。'先生哑然有声，耸肩收足，昂面颓然曰：'不意子繁琐若是也，于起居寝处尚不能识，欲脱离生死跃出轮回难矣。今饱食逸居，汲汲惟患衣食之不丰，饥而食，倦而卧，鼾声闻于四远，一夕则辄数觉也，名利声色汩其神识，酒醴膏膻昏其心志，此世俗之睡也。若至人之睡，留藏金息，饮纳玉液，金门牢而不可开，土户闭而不可启。苍龙守乎青宫，素虎伏于西室，真气运转于丹池，神水循环乎五内，呼甲丁以直其时，召百灵以卫其室。然后吾神出于九宫，恣游青碧，履虚如履实，升上若就下，冉冉与祥风遨游，飘飘共闲云出没。坐至昆仑紫府，遍履福地洞天，咀日月之精华，玩烟霞之绝景，访真人论方外之理，期仙子为异域之游，看沧海以成尘，指阴阳而舒啸，兴欲返则足蹑清风，身浮落景。故其睡也，不知岁月之迁移，安愁陵谷之改变?'"陈抟这段话谈世俗之睡与至人之睡的本质区别，关于世俗之睡这段话比较短，也较容易理解，就是说世俗之人大多都喜欢吃好喝好，过安逸舒服的日子，总是担心吃得不好，穿得不好，所以饿了就吃，困了就睡，打鼾声很远就能听到，一夜里能醒几次，睡不踏实，是因为他满脑子装的都是名利声色，而酒肉荤腥的饮食又总是让他迷迷糊糊，昏昏欲睡，胸无大志，这就是世俗之睡。而陈抟谈至人之睡的这段话比较长，专有名词较多，不太容易解释。总体上就是谈睡功修炼的意念控制和精神感受，金息指修炼中的气息，玉液指修炼中产生的津液；金门、土户指丹田的出入门户；苍龙指元神，素虎指元气；青宫、西室指产生元神、元气的地方；真气、神水指修炼中产生的精纯物质；丹池、五内指真气、神水在人体中运行流转的地方；甲丁指六甲六丁，是道教中的神名，这里和百灵均指修炼中人体内产生的各种生命体；吾神指自我的元神，九宫指元神在大脑中的居处，这句话是说内丹修炼到最高境界，炼神还虚，复归无极；后面说的都是元神出窍后，在虚无缥缈的神仙境界中逍遥自在地游历赏玩；最后一句总结的话是说，至人之睡已达于仙境，超然尘外，所以现实世界中时间的流逝，山川的变迁，对他都没有什么影响。

关于睡功修炼的奥秘，《古文小品咀华》中亦记载了一段陈抟与弟子金励的对话："衣冠子金励问曰：先生以一睡收天地之混沌，以一觉破古今之往来，妙哉，睡也！睡亦有道乎？答曰：有道。凡人之睡也，先睡目，后睡心；吾之睡也，先睡心，后睡目。凡人之醒也，先醒心，后醒目；吾之醒也，先醒目，后醒心。心醒，因见心，乃见世；心睡，不见世，并不见心。宇宙以来，治世者，以玄圭封，以白鱼胜；出世者，以黄鹤去，以青牛度；训世者，以赤字摧，以绿图画。吾尽付之无心也，睡无心，醒亦无心。励问：睡可无心，醒焉能无心？答曰：凡人于梦处醒，故醒不醒；吾心于醒处梦，故梦不梦。故善吾醒，乃所以善吾睡；善吾睡，乃所以善吾醒。励曰：吾欲学至无心，如何则可？答曰：对境莫任心，对心莫任境。如是已矣，焉知其他。"这段话虽然也是谈凡人之睡与至人之睡的本质区别，但内容不一样，而且语言更富有玄机禅意，所以不太容易解释，主要靠读者自己体味领悟。有几个词需要讲一下：玄圭是古代帝王举行典礼时赐封的一种黑色玉器，象征统治的权力；白鱼是指周武王灭商纣王前，天意呈现的一种瑞象；黄鹤指仙人骑乘的仙鹤；青牛指老子出关时骑的水牛；赤字、绿图指类似河图、洛书式的重要图典。

《天仙道戒须知》中记述了陈抟睡功的具体姿势："侧左者，曲其左肱，以手心垫面，开其大指、食指，以左耳在大指、食指开空之处，则耳窍留空矣。直其腰背，曲其左股，达其坤腹，泰然安贴于褥际，直安右股于左脚侧，以右手心贴脐轮。如侧右，亦如侧左法。"侧左指侧向人体左边睡，曲指弯曲，肱指手臂，面指脸面，股指腿，坤腹指腹部，褥指床褥，脐轮指肚脐眼。

明高濂《遵生八笺》中则附有左睡功图和右睡功图，并配有两首诗："调和真气五朝元，心息相依念不偏。二物长后于戊己，虎龙盘结大丹圆。""肺气长居于坎位，肝气却向到离宫。脾气呼来中位合，五气朝元入太空。"二物指元气、元神；戊己指丹田；虎龙亦指元气、元神；五气朝元是内丹修炼的重要阶段，指五脏真气流向丹田；太空指内丹修炼的最后阶段，即炼气化神，炼神还虚。而《华山十二睡功总诀》也有具体精要的论述："夫学道修真之士，若习睡功玄诀者，于日间及夜静无事之时，或一阳来之候，端身正坐，叩齿三十六通，逐一唤集身中诸神，然后松宽衣带而侧卧之。诀在闭兑，目半垂帘，赤龙头胝上腭，并膝收一足，十指如钩，阴阳归窍，是外日月交光也。然后一手掐剑诀掩生门，一手掐剑诀曲肱而枕之，以眼对鼻，匕对生门，合齿，开天门，闭地户，心目内视，坎离会合，是内日月交精也。功法如鹿之运督，雀之养胎，龟之喘息。夫人之昼夜有一万三千息，行八万四千里气，是应天地造化，悉在玄关橐龠 。使思虑神归于元神，内药也，内为体，外为用，体则合精于内，用则法光于外，使内外打成一块，方是入道工夫。行到此际，六贼自然消灭，五行自然攒簇，火候自然升降，酝就真液，浇养灵根。故曰玄牝通一口，睡之饮春酒。朝暮谨行持，真阳永不走。凡睡之功毕，起时揩摩心地，次揩两眼，则心身舒畅。"一阳来指入静后肾间动气的初始发动；兑指口，闭兑即是不说话；赤龙指舌；阴阳归窍指阴阳二气充盈身心；掐剑诀、招剑诀皆为导引术中手的动作；曲即弯曲的手臂；生门指肚脐；匕在这里指手；天门指鼻，地户指口；心目内视指精神意识集中到身体内部；坎离会合指心肾水火相交合；运督指气在督脉中运行；养胎指温养母体中的胎儿；喘息指呼吸；玄关指内丹修炼的关键部位；橐龠本指风箱，这里指意念气息的控制；内药指人体精气神三宝；六贼指色、声、香、味、触、法对人的侵害；火候指意念对各种气感、征兆的调控；真液指修炼中体内产生的精纯物质；灵根指丹田；玄牝指丹田；真阳指元神。

　　陈抟的睡功与庄子真人思想有关。《庄子·大宗师》云："古之真人，其寝不梦，其觉无忧，其食不甘，其息深深。真人之息以踵，众人之息以喉。"寝指睡眠，甘指美味，踵指脚跟。睡功亦与传统胎息术有关。东晋葛洪《抱朴子·释滞》云："其大要者，胎息而已，得胎息者，能不以鼻口嘘吸，如在胞胎之中，则道成矣。"胎息指修炼者的气息不从口鼻出入，只在体内自然循环，就像未出世的婴儿，在母体子宫胎胞中的呼吸。《养真经》称："止有一息，腹中旋转，不出不入，名曰胎息。"《胎息精微论》称："身不衰老，内食太和元气为首，清净自炼，委身放体，志无念虑，安定脏腑，洞极太和，长生久视，潜气不动，意如流水，行之不休，得道真矣。"内食太和元气指的即是胎息。《胎息杂诀》称："但徐引气出纳，则元气亦不出也。胎息者然，内外之气不杂，此名胎息。""胎息之妙，切在无思无虑，体合自然，心如死灰，形如枯木，即百脉畅，关节通矣。若忧虑百端，起灭相继，欲求至道，徒费艰勤，终无成功。"说的是修炼胎息术应该特别持守的"无思无虑"问题。

　　《吕祖全书》将陈抟睡功即蛰龙法归纳为三十二字诀："龙归元海，阳潜于阴。人曰蛰龙，我却蛰心。默藏其用，息之深深。白云高卧，世无知音。"蛰指动物冬眠，深藏起来不食不动。用蛰龙和蛰心来解释睡功，十分形象生动，能白云高卧者，确实是人中蛰龙，大象无形，大音希声。

《阴真君还丹歌注》

陈抟内丹学的理论著作大多散佚，如《指玄篇》八十一章，现在能够看到的只是一些零星片断，《无极图》本身文字很少，《胎息诀》《观空篇》都是从别人的著作中辑出的，文字也不多。唯一收入《道藏》的，只有《阴真君还丹歌注》，该文相对完整些，篇幅也长一些。

据葛洪《神仙传》记载，阴真君，即阴长生，新野人，东汉光武帝阴皇后的后裔，少生富贵之门，然不好荣华，专心慕道，后拜马明生为师，执礼甚恭，坚持不懈，追随十余年，乃得师授《太清神丹经》。刘道明《武当福地总真集》称阴长生与师父马明生同隐武当山炼丹修道，陈抟曾在马明生、阴长生师徒炼丹池故址附近的五龙观隐修，此处即是陈抟"感五炁龙君，授以睡法"的地方。

《阴真君还丹歌》是托名阴长生著的关于内丹修炼的歌诀，因为阴长生和师父马明生修炼的是外丹术，东汉时尚没有内丹术。陈抟的注释借鉴了《周易参同契》《黄庭经》《黄帝内经》《上丰经》等丹经道书，阐发内丹，摒弃外丹，其主旨与《无极图》《指玄篇》《胎息诀》《观空篇》等其他著述是一致的。

陈抟强调内丹修炼中阴阳调和、水火既济的重要。"天为阳，地为阴，左为阳，右为阴。阴阳者，夫妻也。在身，上丹田属阳，下丹田属阴。"而阴阳含养四时，运动五行，天地交感，百物自生。日含月，自然光明；月含日，自然生星宿。夫和妻顺，遂生男女。从修炼内丹来看，"养阴阳者，别识真阴真阳，居人二命，采合为命"。真阴指元气、肾气，真阳指元神、心神，肾为生命根本，属阴，属水，为北方黑帝；心为生命主宰，属阳，属火，为南方赤帝。而人脑为上丹田，虽属阳，但阳中有阴，名为清净源、玉泉水，亦称大功德水。修炼内丹即是采上丹田玉泉水，以心火调运，纳入下丹田精室之中温养，日久水中精变成尘，自然结为丹珠，此为水中出火；另一方法为采下丹田精室之肾水，以心火调运，上升至上丹田温养，日久自然结为丹珠，此为火中出水。采上真气水安于下元，采下阴气水运于上元，安排炉鼎，温养火候，"大丹无药，五行真气是也"。那些经过水火反复滋养烧炼的上下丹田元气丹珠，"大道无形""无质生质"，是人体中的精华珍宝，是人长生不老的灵丹妙药。

陈抟强调内丹修炼要道法自然，天人合一，遵循天地禁忌，否则欲速则不达，欲长生反令人速老。练功时要注意月亮的月象变化，自朔至望，行法增魂（阳神），宜进火；自望至晦，行法益魄（阴神），宜退符。朔为夏历初一，望为十五，晦为月底。要注意季节时辰，"四季之月，加减行之"。"日月顺则有时，子后午前卯是也，采阴气归上泥丸宫"。修炼者安排炉鼎、温养火候时，要熟悉人体构造功能，"自项上至头，自上九宫，其神各有名字，在太一上《素》《灵》中，别有要文。至下脐室，别有三宫，此依前十二宫，各有楼台"。"丹田有十二楼，应十二时，用转法也"。"求宫中者，向身上十二宫求觅，方知大道之鼎器者，神圣也"。太一指游九宫的太一神，这里指脑神，《素》指《黄帝内经·素问》，《灵》指《黄帝内经·灵枢》。如果不熟悉这些人体中的内在宫位、转法，修炼过程中，元气、元神等丹药，其源头出自何处？河车如何转运？炉鼎归何方位？丹珠安排在哪里？皆不甚了解，这样肯定是要出问题的，甚至于身有祸。修炼要选择隐秘清静的地方，闲居，导引，叩齿，集神，握固，平坐；而护持者，则需要减食，少语，莫喜怒。修炼要专心致志，持之以恒，"有头无尾，定虚费工夫，千万不成矣"。采取阴阳派修炼法，则"房中至甚五级者，大肥不堪用，大瘦不堪用。道三合五级者，是十五已上、二十已下是中道，人气二十已上并是不堪使用。可用，须借其气合汞者，方住以无制之，被鬼神偷他也"。"凡欲炼其阴者，若不依前说年纪人及鼎器之物，不可成宝"。"不及年，借气用之，即得暂住，有却患除魔之功，又不得上救助之力也。若在法度，须不失度数行之，少年成宝也。若只欲取意行之，万无一成也"。说的都是阴阳双修时应该注意的地方，如身形、年龄、鼎器、法度等，切不可恣意妄为。另外修道秘诀不可乱传给无资质的常人，否则会引祸上身，"得一之时昆仑后，虽当截舌不忽道。妄言传之于世人，必定流血身先无"。

陈抟摒弃外丹，主张内丹，认为烧炼外丹服食难以成仙，"世人多取五金八石，诸般草木烧之，要觅大还丹，岂不妄也"。"世人取砂银为汞，取朱铜铁为砂，是也。若将此求道，不成也"。而内丹修成后则有不可思议的神奇效果，"上元气结成宝，下元气入昆仑泥丸，注为珠，可照三千大千世界矣"。"天不能杀，地不能埋，其功不可思议"。所以陈抟诚劝有缘结识《阴真君还丹歌》的道友，潜心修炼，清静守一，不退初志，坚持到底，"逢此诀，会此言，炼之饵之成真仙"。

《二十四气坐功》

明代高濂《遵生八笺》之二《四时调摄笺》中收有陈抟《二十四气坐功》，后人按二十四节气配有二十四幅图。《二十四气坐功》中，每一个节气内都列有"运主""时配""坐功""治病"四项内容，仿效天地自然的运行节律，用呼吸导引等动静功结合的炼养方法，调理人体经络脏腑气血，有病治病，无病保养，是一套比较完整实用的修养功法。二十四幅坐功图上，每幅图都绘有习练者的具体姿势、动作，还有表示时辰的北斗星位，表示东南西北的方位，还有二十四个卦象符号。下面介绍《二十四气坐功》的内容：

（一）立春正月节

运主：厥阴初气

时配：手少阳三焦

坐功：每日子丑时，叠手按髀，转身拗颈，左右耸引，各三五度，叩齿，吐纳，漱咽。

治病：风气积滞，顶痛，耳后痛，肩臂痛，肘臂痛，诸痛悉治。

（二）雨水正月节

运主：厥阴初气

时配：手少阳三焦

坐功：每日子丑时，叠手按腹，拗颈转身，左右偏引，各三五度，叩齿，吐纳，漱咽。

治病：三焦经络留滞邪毒，咽喉肿痛，喉痹，耳聋，汗出，目锐痛，颊痛等。

（三）惊蛰二月节

运主：厥阴初气

时配：手阳明大肠燥金

坐功：每日丑寅时，握固转颈，反肘后向顿掣五六度，叩齿，吐纳，漱咽。

治病：腰脊肺胃蕴积邪毒，目黄，口干，鼻衄，喉痹，面肿，暴哑，头风，牙宣，暗羞明，鼻不闻臭，遍身疙瘩等。

（四）春分二月节

运主：少阴二气

时配：手阳明大肠燥金

坐功：每日丑寅时，伸手回头，左右挽引各六七度，叩齿，吐纳，漱咽。

治病：胸臆，肩背经络虚劳邪毒，齿痛，头肿，寒慄，热肿，耳聋耳鸣，耳后肩背臂外痛，皮肤壳坚而不痛、瘙痒等。

（五）清明三月节

运主：少阴二气

时配：手太阳小肠寒水

坐功：每日丑寅时，正坐定，换手左右如引硬弓各七度，叩齿，吐纳，漱咽。

治病：腰肾肠胃虚邪积滞，耳前热苦寒，耳聋，咽痛，颈痛，腰软肘臂诸痛。

（六）谷雨三月节

运主：少阴二气

时配：手太阳小肠寒水

坐功：每日丑寅时，平坐，换手左右举托移臂，左右掩乳各五七度，叩齿，吐纳，漱咽。

治病：脾胃结瘕瘀血，目黄，鼻衄，颊肿，颌肿，肘臂外后肿痛，掌中热。

（七）立夏四月节

运主：少阴二气

时配：手厥阴心包络风木

坐功：每日寅卯时，闭息瞑目，反换两手，抑掣两膝各五七度，叩齿，吐纳，漱咽。

治病：风湿留滞经络肿痛，臂肘挛急，腋肿，手心热，喜笑不休等。

（八）小满四月节

运主：少阳三气

时配：手厥阴心包络风木

坐功：每日寅卯时，正坐，一手举托，一手拄按，左右各三五度，叩齿，吐纳，漱咽。

治病：肺腑蕴滞邪毒，胸肋支满，心悸不安，面赤鼻赤，目黄，心烦作痛，掌中发热等。

（九）芒种五月节

运主：少阳三气

时配：手少阴心君火

坐功：每日寅卯时，正立仰身，两手上托，左右力举各五七度，定息，叩齿，吐纳，漱咽。

治病：腰肾蕴积虚劳，咽干，心痛，欲饮，目黄，肋痛，消渴，善笑，善惊，善忘，下咳吐，下气泄，身热股痛，心悲，头顶痛，面赤。

（十）夏至五月节

运主：少阳三气

时配：手少阴心君火

坐功：每日寅卯时，跪坐，伸手叉指，屈指，脚换踏，左右各五七度，叩齿，吐纳，漱咽。

治病：风湿积滞，腕膝痛，肩臂痛，掌中热痛，两肾内痛，腰背痛，身体重。

（十一）小暑六月节

运主：少阳三气

时配：手太阴脾湿土

坐功：每日寅卯时，两手据地，屈压一足，直伸一足，用力掣三五度，叩齿，吐纳，漱咽。

治病：腿膝腰髀风湿，肺胀满溢，干喘咳，缺盆中痛，脐右小腹胀，手挛急，身体重，半身不遂，偏风，健忘，哮喘，脱肛，腕无力，喜怒无常。

（十二）大暑六月节

运主：太阴四气

时配：手太阴脾湿土

坐功：每日丑寅时，双拳踞地，返首向肩，引作虎视，左右各三五度，叩齿，吐纳，漱咽。

治病：头顶胸背风毒，咳嗽，气喘，渴烦，胸膈满，颈臂痛，掌中热，肩背痛，风寒汗出，中风，尿频，皮肤痛，健忘，悲愁欲哭。

（十三）立秋七月节

运主：太阴四气

时配：足少阳胆相火

坐功：每日丑寅时，正坐，两手托地，缩体闭息，耸肩，身上踊，凡七八度，叩齿，吐纳，漱咽。

治病：补虚益损，腰肾积气，口苦，善太息，心肋痛，不能反侧，面色无泽，足外热，头痛，颌痛，目锐痛，缺盆肿痛，腋下肿。

（十四）处暑七月节

运主：太阴四气

时配：足少阳胆相火

坐功：每日丑寅时，正坐，转头左右举引，就返两手捶背，各五七度，叩齿，吐纳，漱咽。

治病：风湿留滞，肩背痛，胸痛，脊背痛，少气咳嗽，喘咳上气，关节痛等。

（十五）白露八月节

运主：太阴四气

时配：足阳明胃燥金

坐功：每日丑寅时，正坐，两手按膝，转头推引，左右各三五度，叩齿，吐纳，漱咽。

治病：风气留滞，苦伸数欠，怕见人和火，闻木声则惊狂，汁出，鼻衄，颈肿，喉痹不能言，颜黑，狂歌上登，欲弃衣裸身。

（十六）秋分八月节

运主：阳明五气

时配：足阳明胃燥金

坐功：每日丑寅时，盘足而坐，两手掩耳，左右反侧，各三五度，叩齿，吐纳，漱咽。

治病：风湿积滞，肋腰胀，腹大水肿，膝膑肿痛，遗尿失气，腹胀，胃寒等。

（十七）寒露九月节

运主：阳明五气

时配：足太阳膀胱寒水

坐功：每日丑寅时，正坐，举两臂踊身上托，左右各三五度，叩齿，吐纳，漱咽。

治病：诸风寒湿邪，头痛，目似脱，脊痛腰折，痔，疟，狂，巅痛，头两边痛，目黄泪出，鼻衄。

（十八）霜降九月节

运主：阳明五气

时配：足太阳膀胱寒水

坐功：每日丑寅时，平坐，舒两手，攀两足，随同足用力，纵而复收五七度，叩齿，吐纳，漱咽。

治病：风湿痹，腰腿不可曲，颈背痛，肌肉痿，下肿，便浓血，小腹胀痛，欲小便不得，脚气，久痔，脱肛。

（十九）立冬十月节

运主：阳明五气

时配：足厥阴肝风木

坐功：每日丑寅时，正坐，头左右顾，两手左右平托三五度，头顾手托方向相反，叩齿，吐纳，漱咽。

治病：胸肋积滞，虚劳邪毒，腰痛不可仰身，面容失色，胸满，食滞，头痛，耳无闻，颊肿，肝逆面青，目赤肿痛，两肋下痛等。

（二十）小雪十月节

运主：太阳终气

时配：足厥阴肝风木

坐功：每日丑寅时，正坐，一手按膝，一手挽肘，左右争力各三五度，叩齿，吐纳，漱咽。

治病：脱肘，风湿热毒，妇人小腹肿，疝气，遗尿，睾肿，足逆寒，阴缩，两筋挛，善恐，胸中喘等。

（二十一）大雪十一月节

运主：太阳终气

时配：足少阴肾君火

坐功：每日子丑时，起身，仰膝，两手左右托，两足左右踏五七次，叩齿，吐纳，漱咽。

治病：脚膝风湿，口热舌干，咽肿，烦心，心痛，黄疸，肠痹，阴下湿，饥不欲食，面如漆，咳唾有血，多恐，目视不见等。

（二十二）冬至十一月节

运主：太阳终气

时配：足少阴肾君火

坐功：每日子丑时，平坐，伸两足，拳两手按两膝，左右极力三五度，叩齿，吐纳，漱咽。

治病：手足经络寒湿，足萎厥，嗜卧，足下热，胸中满，腹满，大便难，颈肿，咳嗽，腰冷，脐下气逆，小腹急痛，冻疮，下痢。

（二十三）小寒十二月节

运主：太阳终气

时配：足太阴脾湿土

坐功：每日子丑时，正坐，一手按足，一手上托，互换极力三五度，叩齿，吐纳，漱咽。

治病：荣卫气蕴，食即呕，胃脘痛，腹胀，身下不清，烦心，心下急痛，黄疸，口干，怠惰嗜卧，善饥，大小便不通。

（二十四）大寒十二月节

运主：厥阴初气

时配：足太阴脾湿土

坐功：每日子丑时，两手向后踞床跪坐，一足伸直，一足用力，左右各三五度，叩齿，吐纳，漱咽。

治病：经络蕴积诸气，舌根僵痛，膝内肿，身体僵硬，腹胀，肠鸣，食泄不化，九窍不通，足行肿等。

第 4 章

陈抟命相学

陈抟是五代宋初著名相士，野史、笔记中记载他的相术传闻很多，据说宋太宗选择太子这样的朝廷大事，也请他用相术定夺。陈抟对相学理论贡献颇丰，最突出的成果就是研究整理师父麻衣道者的《麻衣相法》。《麻衣相法》后来成为明清相学界体系最完备、实用性最强、影响最大的经典著作。陈抟还撰写了《紫微斗数》《人伦风鉴》《心相篇》等，阐释命相理论，言简意赅，建树颇多。陈抟的命相学，与他的图易学、内丹术亦有关联，均带有神秘主义色彩。

概述

看相算命，虽为方技术数，不入正统大道，但亦源远流长，是一种世界性的社会历史文化现象。中国命相学的理论样式与其他国家和民族相比较，既有相似之处，更带有鲜明的自身特点。从文化渊源来看，中国命相学根植于阴阳五行学说，吸收周易象数学，融合儒道佛思想，又与传统天文、历法、中医、堪舆、谶纬、音律、博物等学科相糅合，体大思精，杂而多端，影响广泛。

古代命相书上说："命理之学，由来久矣。古之言命者，简而赅，庖牺曰正命，仲尼曰天命，老聃曰复命。类皆得之于天，赋之于人也"；"尧取人以状，舜取人以色，文王取人以度"。这些关于命相学起源的说法有附会圣人之嫌，但先秦思想家普遍关注命运和相术问题也是事实。孔子《论语》中说："死生有命，富贵在天"，"不知命，无以为君也"，"五十而知天命"，"君子有三畏：畏天命，畏大人，畏圣人之言"。《老子》中说："夫物芸芸，各复归其根。归根曰静，静曰复命，复命曰常，知常曰明。"《孟子》中说："求之有道，得之有命"；"君子行法，以俟命而已矣"；"莫之为而为者，天也；莫之致而至者，命也"；"存乎人者，莫良于眸子。胸中正，则眸子瞭焉；胸中不正，则眸子眊焉"。荀子则专门写了《非相篇》，对传统的相人术进行辩驳。他指出"故相形不如论心，论心不如择术，形不胜心，心不胜术。术正而心顺之，则形相虽恶而心术善，无害为君子也；形相虽善而心术恶，无害为小人也"。

一般认为，文献记载的相士活动最早出自《左传·文公元年》。在一次会葬中，孟穆伯公孙敖听说周内史叔服会看相，遂请他给自己的两个儿子看看。叔服看完后对公孙敖说：名叫难的儿子是为他送终的"收子"，名叫谷的儿子是为他传嗣的"食子"，必有后代于鲁国。《荀子·非相》中提到了春秋时期一个名叫姑布子卿的著名相士，为赵简子的大夫。《逸周书》记载相士师旷见到太子晋，面色赤红，声音清浮，认为是短命的征象。《吴越春秋》记载了一位名叫市吏的相士，为吴国公子光寻找义士，巧遇避难的楚人伍子胥，看出他有成大事的气象。战国时期，看相算命的记载逐渐增多，请术士看相算命，从贵族阶层蔓延到社会底层，已经逐步成为一种民间风俗，当时的著名相士有唐举等。

两汉以来流行谶纬神学，各种神秘方术纷纷出笼，在"天人感应"的主导思潮推动下，天命论的观点弥漫整个社会，董仲舒、司马迁、扬雄等人，《白虎通》《吕氏春秋》《淮南子》诸书，皆提倡和信奉天命观。就连东汉著名的无神论者王充，对于天命论亦深信不疑，当然他是以先天元气说来探讨命运的，与董仲舒的神学天命论有所不同，但亦带有宿命论的神秘色彩。王充在《论衡·骨相》篇中，对古代命相学进行总结，尤其是所阐发的自然命定论观点，对后世的相术界影响很大。他认为"人命禀于天，则有表候于体"，"人有寿夭之相，亦有贫富贵贱之法，俱见于体。故寿命修短皆禀于天，骨法善恶皆观于体"，"察表候以知命，犹察斗斛以知容矣。表候者，骨法之谓也"。也就是说人外在的骨骼、形体、相貌，均可以反映人寿夭贫富贵贱的命运，而人的外在体征，是由人的先天禀赋决定的。汉代的相士很多，著名者有女相士许负，据说她曾为汉文帝母亲薄姬、汉代名将周亚夫等看过相，著有《德器歌》《五官杂论》《听声相形》等相书，今已散佚不存。汉代还有司马季主，长于星相占卜，被后世奉为星命学祖师。魏晋南北朝时期，命相学进一步发展，出现了不少知名术士，如三国时的管辂、朱建平、司马德操，两晋时的戴洋、陈训，南北朝时的皇甫玉、魏宁、萧吉等。

隋唐时期，国力强盛，社会繁荣，生活富庶，但世风多变，命运无常，朝野上下热衷于看相算命。隋文帝杨坚"龙潜"时，有相士焦子顺、来和、张宾、董子华等，皆言其有"天子气象"，所以他后来顺利登上皇位后，自然给这些相士加官晋爵，并且对相术深信不疑。唐太宗李世民的名字据说即出自相士之言。李世民四岁时，李渊请人给他看相，相士说其"龙凤之姿，天日之表，其年几壮，必能济世安民"。相士走后不久，李渊怕他泄露天机，使李世民遭遇不测，遂派人追杀相士，但根本找不到他。李渊认为相士定有神助，天命不可违，遂采用相士"济世安民"之言为儿子取名。据说武则天尚在襁褓时，曾得到著名相士袁天纲看相，袁天纲惊说"龙瞳凤颈，极贵验也，若为女，当作天子"。而唐代不少皇亲国戚、达官贵人、文人墨客嗜好相术的记载，更是比比皆是。韩愈在《李虚中墓志》中将唐代李虚中列为生辰推命术鼻祖。五代时徐子平发展了李虚中的推命术，以人出生时间的年月日时四项立论，每项用两个字的干支代表，共八个字，所以俗称"八字算命术"，亦称"四柱算命术"，又称"子平术"，在民间影响很大。

陈抟的命相学自然离不开中国命相学的文化传统，在研习中有所领悟，在总结中有所提高，在继承中有所发展。陈抟命相学与师父麻衣道者关系密切，不仅相术得益于麻衣道者许多，命学也得益于麻衣道者许多。当然麻衣道者之所以愿意将命相学传给陈抟，也是因为陈抟品行端正，禀赋甚高，所以后来师徒两人皆成为五代宋初命相学大师。命相学和一些其他方术一样，属于"天机""秘技"，师父一般不肯轻传，除了出家的道士僧人外，不少是家族内部传承。相术著名者有唐代的袁天纲、袁客师父子，明代的袁珙、袁忠彻父子，命学著名者有宋代的邵雍、邵伯温父子。

命相学是一门实用性很强的方术，所以麻衣道者和陈抟都注重实践，并且在实践的基础上加以理论总结，再将理论总结指导应用于实践。麻衣道者和陈抟关于命相学的著述，或托名于他们的著述，如《麻衣相法》《相法全编》《紫微斗数》《人伦风鉴》《心相篇》《神相铁关刀》《火珠林》《玉尺经》等，大都是实践经验的理论总结，虽然神秘主义色彩较浓，但语言一般通俗易懂，方法大多简单易行，所以受到了后世命相学界的追捧，尤其是民间江湖术士的推崇。

《麻衣相法》

《麻衣相法》又称《麻衣神相》，以麻衣道者命名，但不完全是麻衣道者的作品，其中也有不少陈抟整理的内容，亦有后世相学家增加的内容。《麻衣相法》是在中国古代人相学鼎盛时期的宋、元、明三朝不断被增补修订而成的，既汇集了宋代以前人相学的诸多精华，也融进了宋代以后不少新的研究成果，成为中国古代相书及相法的集大成者。

《麻衣相法》的内容十分丰富，有总论，如十三部位、流年运气、十二宫、五官、五岳四渎、五星六曜、四学堂八学堂、六府三才三停、五行形色等。十三部位指人面正中从上到下的十三个重要部位，即天中、天庭、司空、中正、印堂、山根、年上、寿上、准头、人中、水星、承浆、地阁；与十三部位左右平行的还有一百多个部位。流年运气是将人的面部分成一百个部位，每一部位代表一年，相士根据看相者的年龄，看这一年龄特定部位的气色，以判断看相者的吉凶祸福。十二宫是指人面相中的一些重要部位，即命宫、财帛宫、兄弟宫（分左右）、田宅宫（分左右）、男女宫（分左右）、奴仆宫、妻妾宫（分左右）、疾厄宫、迁移宫（分左右）、官禄宫、福德宫（分左右）、相貌宫。五官指耳为采听官、眉为保寿官、眼为监察官、鼻为审辩官、口为出纳官。五岳四渎中五岳指额为衡山

（南岳）、颏为恒山（北岳）、鼻为嵩山（中岳）、左颧为泰山（东岳）、右颧为华山（西岳）；四渎指耳为江（长江）、目为河（黄河）、口为淮（淮河）、鼻为济（济水）。五星六曜中五星指额为火星、鼻为土星、右耳为木星、左耳为金星、口为水星；六曜指左眼为太阳、右眼为太阴、山根为月孛、左眉为罗喉、右眉为计都、印堂为紫气。四学堂八学堂中四学堂指眼为官学堂、额为禄学堂、门齿为内学堂、耳门为外学堂；八学堂指额头为高明部学堂、额角为高广部学堂、印堂为光大部学堂、眼为明秀部学堂、耳轮为聪明部学堂、牙齿为忠信部学堂、舌为广德部学堂、眉为班笋部学堂。六府三才三停中六府指两辅骨为上二府、两颧骨为中二府、两颐骨为下二府；三才指额为天、颏为地、鼻为人；三停指自发际至印堂为上停（主初）、自山根至准头为中停（主中）、自人中至地阁为下停（主末）。五行形色中五行形指金形人、木形人、水形人、火形人、土形人；五形色指金色白、木色青、水色黑、火色红、土色黄。《麻衣相法》还有不少分论，如头、额、发、眉、目、鼻、耳、口、唇、齿等。以面相为主，亦涉及骨相、手相、足相等。注意人的生长历程、形体结构、社会关系等，亦重视人的精神、气色、声音、姿势、动作等，还涉及人体尤其是面相、手相上的痣、纹等。《麻衣相法》配有大量图式，直观形象，一目了然，不少内容采用歌诀的写法，便于记诵。

当然，《麻衣相法》作为一本相书，所有对人相的研究，都是和人的命运相关联的。麻衣道者在《石室神异赋》中说："相有前定，世无预知。人之生也，富贵贫贱，贤愚寿夭，祸福善恶，一定于相之。"这是对中国传统命相学的继承，认为相的先天性与命的后天性是对应的，同构的，什么样的相，就有什么样的命。同时认为"有心无相，相随心生，有相无心，

103

相随心死"，即后天的相不是一成不变的，与人的精神世界、道德情操有很大关系，如一个人心地好而相貌不好，则相貌会随着心地好逐渐变好；反之，一个人相貌好而心地不好，则好相貌也会随着不好心地逐渐变坏。因此，《麻衣相法》认为人的命运是由先天的自然禀赋即相决定的，也与后天的道德修养即心密切相关。

　　《麻衣相法》作为相学界继往开来的奠基性经典作品，所阐述的相学内容，对于较为简单粗糙的传统相术而言，已经有了明显的改观。首先是形体部位格局的细密化，不再简单地将人的某一部分的大致差别作为判断命运的唯一表征，而是通过分门别类的细致划分，将人相看作层次极为细腻、内容极为丰富的符号系统。如人的面相，以鼻子为中轴线，自上而下分为十三个重要部位，两边还有一百多个部位；如眼睛的形相对应命运多达三十九种，鼻子的形相对应命运亦达二十四种。相命的内容也更加贴近现实社会，涉及人的仕途、薪俸、家族、疾病、生育、田宅、饮食、性情、品行、出游等具体生活的方方面面。其次是形体各部位之间的整合观，不再就人的某一部位的特征孤立地推论命运，而是将人的形体各部位看成有机统一的整体。部位之间对命运的表现各有主次，对命运的内容各有所司，因此看相言命需细心考察，综合分析。第三是用有序动态观阐释命运，既注意"命"的决定性，又注意"运"的变化性。如用流年运气说来概括人一生的命运，既看部位特征决定总的命运，又看气色变化推断某一时空范围的命运，从而构成一个相对稳定又起伏变化的命运说。心相说对传统的静态命定论亦有所修正，颇具新意。

《紫微斗数》

　　《紫微斗数》是关于星命学的专门著作，原书题名陈抟撰，一般认为是托名，即借重陈抟在命相学界的名气和地位，但该书中的一些思想和内容出自陈抟则是确切无疑的。

　　《紫微斗数》根植于阴阳五行学说，吸收了《周易》象数理论，又融合了天文、历法、地理、中医、音律等思想，内容丰富，体系谨严，在理论架构上层次较高，同时在操作方法上较简单易行，因此受到后世命学界的欢迎。

　　中国古代天文学家将宇宙星空划分为三垣、二十八宿等，三垣的范围比二十八宿大，三垣指紫微垣、太微垣、天市垣，垣既表示天区，也表示星系，三大垣区均包括若干星系，根据星体的性质和特点，有主有辅，有尊有卑。紫微垣为中垣，又称中宫，地位十分重要，《晋史·天文志》称其为"大帝之坐也，天子之常居也，主命主度也"。又因为北极五星在紫微垣中，紫微垣在三垣中的地位更加隆显。而紫微垣中的主星紫微星，在星相学家看来，"乃中天星主，为众星之枢纽，为造化之根柢，为人命之主宰，掌五行，育万物"。

　　《紫微斗数》借鉴了八字算命术（又称子平术）和五星算命术（又称果老术）的一些推命方法，如"起八字""定格局""排星辰""定命宫""起大运""定用神"等，同时结合三垣尤其是紫微垣中诸星的主辅尊卑等性质特点，诸星之间及诸星与地球的各种交互关系，以此来阐释人在现实社会中错综复杂的命势和运程。

　　《紫微斗数》论命以命盘为基本依据。命盘的结构和内容主要由三部分构成，一是命盘中心的大方格，填写问命人的姓名、性别、出生年月日时、五行局、命主、身主等内容。二是命盘周围的十二个小方格，称为宫，分别取名命、兄弟、夫妻、子女、财帛、疾厄、迁移、交友、事业、田宅、福德、父母，一般填写在各宫的下边，另有身宫不独居一宫，根据情况确定宫位；宫内的庚寅、辛卯、壬辰、癸巳、甲午等指各宫所含干支，一般填写在各宫的右下角。三是各宫中紫微诸星的情况，总体上分为九个星系，紫微星系、天府星系、年干星系、年支星系、月星系、日星系、时星系、杂星系八个星系均讲命，一般填写在各宫的上部，由左向右排列；流年星系讲运，一般填写在各宫的中间。命盘的填写是论命的基础，少数内容可以根据问命人的口述直接填写，大部分内容则需要经过术士的推算，如命宫和身宫的位置、十二宫天干的确定、五行局的确定、命主和身主的确定、紫微星的定位、其他诸星的位置等。

《紫微斗数》对命盘内容的解读和分析提出了一些基本原则和方法，如"斗数总论""形性赋""诸星在命身形性论""太微赋""增补太微赋""星垣论""斗数准绳""斗数发微""斗数骨髓赋""女命斗数骨髓赋"等重要篇章，都有不少纲领性的论述，是对历代星命术士思想理论和实际经验的总结。总体上看，《紫微斗数》论命分为三个层次，第一个层次是对命的分析，由十二宫与诸星的性质特点及相互关系，来阐释人的命势，这是对人一生吉凶祸福的总体观照和宏观把握；第二个层次是对运的分析，把人生划分为不同的大阶段（大限），再划分为以年为单位的小阶段（小限、流年），用宫星配合的基本理论，在发展和变化中考察人的吉凶祸福；第三个层次是对命和运的综合分析，用宫星配合的基本理论，既宏观又微观，既静态又动态，全面细致地考察人一生命运的起伏流转情况。

《人伦风鉴》

《人伦风鉴》又称《风鉴》《龟鉴》，宋郑樵《通志·艺文略》五行相法类有注录，是陈抟关于相学的一篇论文，主要阐述人的形、神、气、色与命运的关系。

陈抟首先认为形、神、气、色是人的自然禀赋，并且是有机统一的整体。"人之生也，受气于水，禀形于火。水则为精为志，火则为神为心。精合而后神生，神生而后形全，形全而后色具。是知，显于外者谓之形，生于心者谓之神，在于血肉者谓之气，在于皮肤者谓之色。"

陈抟用五行象理论论述人的形相命运，"金不嫌方，木不嫌瘦，水不嫌肥，火不嫌尖，土不嫌浊。似金得金，刚毅深；似木得木，资财阜；似水得水，文章贵；似火得火，兵机大；似土得土，多柜库"。同时认为用五行象论形相命运不能一概而论，五行象有主次、交叉、生克关系，"木之形，非在其一，有带金者，有带水火土者；水之形，非在其一，有带土者，有带金火木者；火之形，非在其一，有带水者，有带金土木者；土之形，非在其一，有带木者，有带火金水者；金之形，非在其一，有带火者，有带木水土者。带其相生则吉，带其相克则凶"。并且认为人的形相一生中有变化，五行象也随之变化，命运自然也有变化，"始人之始则瘦，此木之形也；中则粗，是金形也；次而肥，是水形也；其次厚实，是土形也。始瘦次肥，为水生于木；次又厚实，此木之得土也；始若瘦，次粗，为滞也；始瘦，次肥厚，此为发也，庶人进财，官员加职"。

陈抟认为人的神有深有浅，有用有合，"神深则智深，神浅则智浅。用则开于眼，合则收于心"。陈抟用油灯之喻谈神的功用，"譬如灯之火，其心之分，则谓之神；其灯之花，则谓之神光；其四畔之光，则谓之魄；油乃精也，油明而后灯明"。

陈抟认为人的气与声音有关，有内外之别，清浊之分，"要其坚向清韵，而不在乎刚健强鸣。其内平，则志笃，其外舒，则气和"。陈抟认为地理环境对人的气影响较大，"若以浙人、淮人之气论之，浙人之气，重而不鸣，淮人之气，鸣而不重；南人之气，清而不厚，北人之气，厚而不清"。

陈抟认为人的色表现在皮肤上，但与人的内心有关，"生于五藏之表面，饰于一身之光润""人之有得，则喜形于外；有失，则忧存于心"。陈抟认为人的色有实有浮，有聚有散，有老有嫩，有光有暗，有泽有枯，"要其实，不要其浮；欲其聚，不欲其散"，"色老者吉，色嫩者凶""有三光焉，有五泽焉；有三暗焉，有五枯焉"。

陈抟认为人的形、神、气、色互相关联，相人应该比较地看，辩证地看，综合地看，"形有余而神不足者，初见似威，久视而晦；神有余而形不足者，初见似晦，久视愈明"；"形与神相照，气与色相扶。神全则形全，气全则色全。神能留气，气不能留神；气能留色，色不能留气。至于形，则载之而已"；"吉者未必为吉，凶者未必为凶。结喉露齿，虽则劣相，有时心地吉者又贵矣"。

陈抟认为人的形、神、气、色皆有厚有薄，"厚者吉，薄者凶"。而人的心胸气度、品行节操与厚薄吉凶有很大关系，"不度己短，专谈人过；侵削人物，以为己恩；面前说是，背后说非；不睦亲长，却奉外人；本性轻率，佯为沉重；改常弃旧，忘恩忽人；未贵先盈，未富先骄。此大薄矣，若此者，不惟破相，又损其寿，殃及子孙”。

陈抟认为人的形、神、气、色皆有滞，有滞则不吉，“形滞八年则尘埃，神滞四年则身硬，气滞三年则心倾，色滞一年则神困”。陈抟比较推崇“神气深粹”的人，“神气深粹之人，形安体静，不随语行，不随默止，不随财动，不随色转，安而定，祥而雅”。

陈抟还谈到男相、女相，认为“阳者不可带阴，阴者不可带阳。若男带女相，懦而无立；女怀男相，主失其夫。妇人要柔而顺，男子要刚而正”。陈抟还谈到目相，认为“视远，智远；视下，智下；视斜，智毒；睛屡转者，杀人或流；视迫上迫下，此瞻视不常之人，不可兼立事矣”。陈抟还谈到骨相，“如骨者，凡人于眉鼻两颊之上皆有也。在贵人，则有从精髓内生出，故其眉清秀而细；及贫贱之人，则浮于上而粗。如颧骨，上一位，庶人；入耳，不过有寿；不露，不过有富；至若作监司之人，生入两鬓；两府之人，则生入天仓；其作太守之人，则堆成峰而入两眼之尾而已”。陈抟还谈到了面相中的三才说，认为“有天者贵，有地者富，有人者寿。有天，有地，人事不修，是徒有相也”。这里的天指额，地指颏，人指鼻。按照《麻衣相法》的说法：“三才者，额为天，欲阔而圆，名曰有天者贵；鼻为人，欲正而齐，名曰有人者寿；颏为地，欲方而阔，名曰有地者富。”

《心相篇》

《心相篇》收入清陈宏谋《训俗遗规》一书，前面有一段题语，概括了陈抟这篇相学论文的主旨："兹以心相名篇，谓相从心生，心有善恶，相有厚薄，面相之休咎焉。"苏文擢撰有《陈希夷〈心相篇〉述疏》，介绍阐释陈抟的这篇文章。

《心相篇》继承了麻衣道者的心相说，并且加以发扬光大，认为人相的吉凶与人心的善恶有很大关系，其中融入了不少儒家伦理道德学说，也强调了佛家、道家的善恶报应思想。

陈抟首先阐明宗旨："心者貌之根，审心而善恶自相见；行者心之表，观行而祸福犹可知。"就是说人外在的相貌，是由内在心性决定的；而内在的心性，又是通过人外在的行为举止来体现的。因此，人心性的善恶，决定人相貌的好坏；而人行为举止的好坏，亦可反映人心性的善恶。所以人心性的善恶好坏，决定人命运的吉凶祸福。

陈抟认为若要命好，则要行善积德，善有善报，恶有恶报。"重富欺贫，焉可托妻寄子；敬老慈幼，必能裕后光前。""迷花恋酒，阃中妻妾参商；利己损人，膝下儿孙悖逆。""欺蔽阴私，纵有荣华儿不享；公平正直，虽无子息死为神。""乖戾难堪，因讼丧身还害子；待人有诚，无论福禄更延年。""处物存心，终身允吉；累任积德，数世其昌。"

陈抟认为若要命好，则需修身养性，境界高低，品行优劣，决定人的吉凶祸福。"心和气平，可卜孙荣兼子贵；才偏性执，不遭祸殃必奇穷。""小富小贵易盈，前程有限；大富大贵不动，厚福无疆。""处大事不辞劳怨，堪为栋梁之材；遇小故辄避嫌疑，岂是心腹之寄。""患难中能守者，若读书可作朝廷柱石之臣；安乐中若忘者，纵低才岂非金榜青云之客。""自满与知足不同，一则矜而受灾，一则谦而获福；庸才与大才自别，一则诞而多败，一则实而有成。""过刚者图谋易就，灾伤岂保全无；太柔者作事难成，平福亦能安受。""好矜己善，弗再望乎功名；乐谪人非，最足伤乎性命。""易变脸，薄福之人奚较；耐久朋，能容之士可宗。""好与人争，滋培浅而前程有限；必求自反，蓄积厚而屈事能伸。""喜怒不择轻重，一事无成；笑骂不审是非，知交断绝。""甘受人欺，有子自然不发；常思退步，一身终得安闲。""得失不惊其神，非贵亦须大富，寿更可知；喜怒不形于色，成名还立大功，奸亦必有。"

陈抟认为心有善恶，则相有厚薄，命有吉凶，这既是人事，也关天道。"济急拯危，亦有时乎贫乏，天将福矣；解纷排难，恐亦涉乎囹圄，神必佑之。""人事可凭，天道不爽。""如何短折亡身，出薄言，做薄事，存薄心，种种皆薄；如何凶灾恶死，多阴毒，积阴私，有阴行，事事皆阴。"

陈抟还谈到了妇女心性品行对命运的影响。"若论妇人，先须静默；从来淑女，不贵才能。""有威严，当膺一品之封；少修饰，能掌万金之重。""贫苦中毫无怨詈，两国褒封；富贵时常惜衣粮，满堂荣庆。""多言好胜，若然有嗣必伤身；尽孝兼慈，不特助夫还旺子。""悍妇多因性妒，老后无归；奚婆定是情乖，少年浪走。""为甚欺夫，显然淫行；缘何无子，暗里伤人。"

陈抟最后总结道："合观前论，历试无差；勉教后来，犹期善变。信乎骨格步位，相辅而行；允矣血气精神，由之而显。知其善而守之，锦上添花；知其恶而弗为，祸转为福。"陈抟强调种种的历史经验表明，前面所说的心相道理，都是真真切切的，如果用这些道理规劝后代，则可以起到趋善避恶的作用。陈抟告诫世人，人外在的体格相貌、行为举止，根植于人内在的血气精神，心性善恶决定命运吉凶，如果能发善心，做善事，坚持不懈，必定福禄寿禧，好运连连；如果能戒恶念，除恶行，防微杜渐，则必然远离祸患，平安幸福。

第 5 章

陈抟文艺创作

陈抟虽然不以文学家或艺术家名世，但他的文艺天赋甚高，尤其是诗歌创作，俨然大家，近年来有学者甚至认为他是宋诗风气的开创者。陈抟散文的功底也非常深厚，虽然留下的作品不多，但都可以称得上是美文。陈抟存世的几幅书法作品古朴苍劲，风格独特。陈抟的绘画作品虽然没有流传下来，但通过别人的介绍性文字，我们还是可以感受到他非凡的艺术才华和精湛的艺术素养。

诗歌

陈抟一生创作了大量诗歌，《宋史·陈抟传》称有六百余首，结集有《高阳集》《钓潭集》《三峰寓言》等，内丹术著作《指玄篇》也是以歌诀的形式写作，可惜这些诗集都没有流传下来。目前我们所能看到的陈抟诗歌作品只有四十余首，其中的精品力作不少。

陈抟的诗歌创作可能很早就开始了，由于资料欠缺，很难搞清楚确切的时间。可以肯定的是，他在参加科举考试前，已经写作了不少诗歌，而且"颇以诗名"。他后来隐居武当山，西游后蜀，都写了不少诗歌，尤其是隐居华山后，更是创作了大量诗歌。陈抟应宋太宗征召赴朝期间，写下了不少应诏唱和诗，大都收在《太华希夷志》中。据《宋朝事实类苑》卷四十一记载，陈抟在诗歌创作上还带过学生，名叫田征，字象宜，笃学好文，理致高古。在陈抟的指导下，他后来的诗风尤为清丽。

作为一名高道，陈抟写得较多、影响较大的是隐逸诗。前文提到的《隐武当山》《辞朝诗》《睡歌》《退官歌》《叹世诗》《赠金励》等，都是这方面的代表作。这些诗潇洒飘逸，超凡脱俗，又不乏博大与豪迈，对宋代欧阳修、苏东坡等文豪的诗风应该是有较大影响的，这一点在过去的中国古代文学史著述中没有被注意，可能与陈抟不以文学家著称于世有关。这里再引几首陈抟创作的与修行有关的诗，供读者欣赏。《修心》："浑浑沦沦始气中，山河日月正西东。一碗大米由滋湛，贯彻玄台悟性功。"《还虚》："童光晃朗似明蟾，云去云来体不缠。扫尽葛藤心自莹，存胎胎就圣功圆。"《内丹》："访师求友学炼丹，精选朱砂作大还。将谓外丹化内药，元来金石不相关。"《咏毛女》："曾折松枝为宝栉，又编栗叶作罗襦。有时问著秦宫事，笑捻仙花望太虚。"《药方歌》："猪牙皂角及生姜，西瓜升麻熟地黄。木律旱莲槐角子，细心荷蒂要相当。青盐等分同烧煅，研细将来使最良。揩齿牢牙髭鬓黑，谁知世上有仙方。"

陈抟还有一些山水诗，写得也不错，这里引几首供读者欣赏。《题石水涧》："银河洒落翠光冷，一派回环淡晚晖；几恨却为顽石碍，琉璃滑处玉花飞。"《冬日晚望》："山鬼暖或呼，溪鱼寒不跳。晚景愈堪观，危峰露残照。"《题落帽岭》："我爱

113

武当好，将军曾得道。升举入云霄，高岭名落帽。"《西峰》："为爱西峰好，吟头尽日昂。岩花红作阵，溪水绿成行。几夜爱新月，半山无斜阳。寄言嘉遁客，此处是仙乡。"《华岳》："半夜天香入严谷，西风吹落岭头莲。空爱掌痕侵碧汉，无人曾谈巨灵仙。"《与毛女游》："药苗不满筥，又更上危巅。回指归去路，相将入翠烟。"

陈抟的诗歌通俗易懂，朴实自然，风格清新，意境高远，对功名利禄的超越，对天人合一的追求，体悟大道的洒脱，逍遥山水的自在，必然产生出独特的魅力和深远的影响。

散文

陈抟留下的散文作品不多，前文提到的《易龙图序》《观空篇》《人伦风鉴》《心相篇》等，都是其代表作；《太华希夷志》中记载的陈抟写给宋太宗的书札，也是情真意挚的美文。陈抟的散文作品，受传统辞赋体影响较大。辞赋体用今天的文体来划分，可以称为散文诗体，就是通过精心锤炼的优美的文字、整齐的句式、严谨的结构，来议事抒情，状物明理，使读者获得较高的审美享受和人生启迪。

下面再介绍陈抟的一篇散文作品《广慈禅院修瑞像记》。全文不长，录下供读者欣赏："夫以立瑞像者，重其本也；崇训诰者，演其教也。像非其貌，故不可以尽文；经非了义，故不可以复思。其谓常心有兹归向，若或睹像如在，看经不虚，乃响接以必然，即因缘之博矣。其瑞像者，即经藏王僧义省新修也，焰轮金灼，仪相月圆，自假相以装严，且托真而教导。其诸瞻礼，即香烛以载陈；其又信心，乃梦魂而常在。暨乎释舍中正，柔丽大和，成六年战野之功，超十地得朋之操，因空得性，无相成真。尚从驯致之能，方证圆明之果，出诸体化，离以言名，有愿是从，无响不应，毫珠电转，心印星罗。随造化以有初，莫穷其始，育玄黄而在后，罔测其终。任草木以荣枯，吾非大觉，在阴阳之隐显，吾不自知。泊一气分元，三才互用，龙马口辟于上下，乌兔兮照于东西，运变形名，陶甄物类，刚柔著矣，大小数焉，将及指名，罔穷元造，确乎性也，其何言哉。且翕敛于四时，复含章于万物，如来也融光五蕴，驰化六虚，不可以声色所言，不可以智慧所议。既受我命，复生我神，惟命与神，可大可久，不化而化，不言而言。乃谓神极而必通，感诚而后应，其法相也言与，其声教也自行，妙不可表于人寰，至不可言乎沙界。乃因瑞像，略以明辞，辞不可尽乎圣理，像不可述乎圣容，盖自有情响于福寿者也。赞曰：我丞三味，无终善始，我丞六极，得道善至。履和尽妙，感诚无思，惟真日忘，惟法是利。匪我神通，神通自致，匪我法轮，法轮自炽，伟哉像设，教流大地。大寂渊奥，云施雨行，大寂圆朗，电激雷惊。或出或处，万物含英，且易且简，万物生成，至极至变，非色非声，至感至应，不灭不生。我法非法，我名非名，谁蓄谁泄，自枯自荣，噫哉瑞像，归于物情。大乐无声，且鼓且舞，大权无名，且默且语，我味天供，匪寒匪暑，我声天乐，惟律惟吕，为世慈悲，百灵相与。"

　　这是陈抟晚年应僧义省等所请，为京兆府广慈禅院新修佛像撰写的一篇碑铭，其中的"因缘""了义""十地""因空""无相""圆明""心印""大觉""如来""五蕴""法相""沙界""三味""神通""法轮""慈悲"等为佛教术语，"造化""玄黄""阴阳""刚柔""一气""三才""六虚""六极""无名"等为道教术语，"训诰""中正""大和""感诚""履和"

"声教""圣理"等为儒教术语，充分显示出陈抟深厚的学术素养和精湛的语言功底，也体现出陈抟三教合一圆融会通的治学倾向。

再介绍陈抟的一篇散文作品《太乙宫记》。全文较长，摘引一部分，供读者欣赏："浑沦未剖，含溟滓于太虚之中；元卦缠分，布妙化于无方之外。清浊升降，天地由分，列宿朗而日月明，四时行而阴阳化。信乎仙山灵岳，福地洞天，莫不由精英之所聚，口秀之所变。故国家封崇旌显，以表其神异焉。终南山太乙宫者，即太乙降临之地也，因其受封，故得而名焉。于故雍之东南，玉案之西北，东接蓝水福地，西连太白洞天，左有千龄观，右有万年宫。潏镐两间，杜陵之首，山水秀绝，灵迹环绕，实万古神仙之宅也。自汉室元封初，武帝所建也。帝一夕焚香于别殿，忽觉满庭辉朗，神告浮空，帝惕然潜听，曰：'将中秋日，太乙玄君降于终南山，与国为福，当建宫殿，以俟奉安。'语已，寂无所闻，帝恭默诚谢。待旦，诏下有司，问：'太乙玄君何圣号也？'奏：'按道藏三洞秘典，乃九天无量三昧太乙玄君也。居三境上元之上，在九阳天中之天，为万化之根元，作九天之祖母。统三界女真，定周天风雨。江海神龙，河渎主宰，一切水仙，莫不隶焉。其诸太乙，居众辰之首，万曜之先，列星宫为天皇之上相，照寰海作至圣之尊神。司人伦善恶，统岳渎灵官。年丰岁俭，旱涝灾伤，无不总焉。或经游分野，临照邦家，感道德而降休祥，应荒淫而生灾诊。故国家应运修崇，精诚严奉，以资皇基永固，帝业昌隆。'武帝由是敕下起宫于此，奉安三昧太乙玄君并十神太乙。至期，武帝銮舆躬临，清衷虔祷，果如神告。忽然山川震动，箫鼓鸣空，云鹤荡逸，天花散坠于宫南巨谷间。摧峰裂岫，万仞绝壁下化成池沼，绀波云动，水色霞辉。谷之西北，数峰巍耸，上现楼台金碧，烂光紫烟。帝悚然敬谢，寻封其山曰'太乙'，池曰'澄源'。修太乙玄君祠于池之侧。祠成，其化宫失矣，惟神沼存焉。遂分上下宫，皆锡羽流焚修……自僖宗皇帝入蜀之后，兵火数至，道流潜遁，宫宇隳灭，所赐常住，悉为众有，存惟两宫基址尊像而已，其诸盛事，废失之尽。上宫传呼为澄源夫人之庙，下宫为太乙之观。其澄源者，即当时所封池阁之名也；夫人者，乃太乙玄君也。盖岁月浸久，后人不知其源，相习之讹。嗟乎！玄宫真府，半为樵叟之家；仙圃芝田，尽作荒榛之野。修崇废久，灵沼仍存，风雨顺时，尚为民福。至后晋相国桑中令出镇古雍，下车之始，岁旱之甚，稼穑枯槁，民不望生。公亲诣山，恭诚恳祷，即日应祈，雨势滂沛，随时沾足，遐迩欢呼，仕民均庆。公欣然叹曰：'神圣灵感，其速也如此！'遽奏朝廷，支省钱重修殿宇，复置道士主持，精专完饰，严洁焚修。奉国家请福祈祥，为兆民除灾却沴，实寰中之圣概，海内之灵宫。谨叙故实真记云耳。"

《太乙宫记》仍然带有辞赋体的印记，但语言风格与《广慈禅院修瑞像记》反差较大，以叙事为主，介绍了终南山太乙宫的宫名由来、地理位置和创建经过，还谈到了汉武帝创建宫观以后，历史上的一些皇帝与太乙宫的关系及宫观几位重要住持的情况，最后介绍了唐末战乱宫观被毁后，后晋相国桑中令重建太乙宫的事迹。

书画

陈抟留下的书法墨宝有几幅，其一是洛阳伊阙的"开张天岸马，奇逸人中龙"石刻。北宋书法家石曼卿对这幅作品评价甚高，曾赋诗赞叹道："希夷先生人中龙，天岸梦逐东王公。酣睡忽醒骨灵通，腕指拂拂来天风。鸾舞广莫凤翔空，俯视羲献皆庸工。投笔再拜称技穷，太华少华白云封。"也就是说他见到了"睡仙翁"陈抟的这幅墨宝后，再看东晋大书法家王羲之、王献之父子的作品，认为皆为庸工之作，境界技法明显等而下之。这幅珍贵墨宝的命运十分传奇，历经宋、元、明、清数代收藏家之手，旋得旋失，屡易其主，曾流落到山西太原，河南济源、孟县、登封等地，清道光初年为曾谷所得，苏赓堂见后十分喜爱，恐流失泯灭，遂镌刻于洛阳附近的伊阙山，从而得以流传至今。近代大思想家康有为曾专门临摹这幅作品，并将其作为一种书体加以传承。

陈抟手书的"寿""福"二字，今在湖北武当山、四川峨眉山、陕西华阴县西岳庙、山东蓬莱仙岛、山东青州市云门山等地均有碑刻。"寿"字为草书，字体厚重遒劲，写法十分独特，似乎暗藏了"富""林""佛"三个字，其中的寓意令人遐想。"福"字亦为草书，字体古朴隽永，写法也很有特色，令人叹为观止。

陈抟的绘画作品没有流传下来。明代亳州人薛蕙所著的《考功集》中有一篇《希夷先生墨竹歌并序》，他在序中介绍自家藏有陈抟墨竹画一幅，画的左边有陈抟的题诗："莫贪枝叶已成龙，要悟从头到底空。已遇神仙施笔力，风霜不可载磨砻。"画的旁边还有魏仲先的题诗和说明，略谓此画是钱淡入华山拜访陈抟时，陈抟所馈赠。薛蕙说少年时听老辈说，这幅画是先祖在野外掘地时偶然在一石函中得到的。薛蕙曾读过宋代邵雍在《伊川击壤集》中观陈抟真迹后写的三绝句："未见希夷真，未见希夷迹。止闻希夷名，希夷心未识。""既见希夷迹，复见希夷真。始知今与古，天下常有人。""希夷真可观，希夷墨可传。希夷心一片，不可得而言。"薛蕙观画吟诗，深有感触，在序后也写了两首诗，一长一短，长诗为："水墨淋漓数茎竹，琅玕不羡多成束，飞白玲珑一片石，夜光休夸大盈尺。云何此画价无敌，乃是希夷之真迹，列仙籍中多品流，先生况是神仙伯。宣靖仙材亦不群，寻师遥入华山云，解颜一盼不易得，敢望挥毫遗此君。画首题诗亦性字，凤翥龙蟠三十四，丁宁举似一转语，截断世间无限事。领略真仙上上机，参同古佛空空义，古来画史虽无数，争似仙人得无趣。笔势翩翩入三昧，元旨明明标一句，梵经合受天人礼，仙迹那无鬼神获。五百年来如电过，一幅霜缣完未破，湍水东流鹤不归，峨眉西逝龙犹卧。故乡之子慕神仙，偶收图画如角缘，锦囊新装绿玉轴，彤管更赋青霞篇。安得至宝不磨灭，期与好事相流传，先生闻此应大笑，水中捉月真可怜。"短诗为："大宁斋中至人竹，淅淅天风撼苍梧。大书诗画真三绝，价敌宣和六千轴。伊川空有句传神，世俗宁知伪与真。只恐明珠终暗掷，此君他日与何人。"虽然岁月沧桑，人世变幻，这幅珍贵的墨竹题诗画作没有流传下来，但通过邵雍的三首绝句，尤其是薛蕙的长短诗，我们还是可以体会到陈抟老祖艺术作品的深厚功力和感人力量。

第 6 章

陈抟学术的影响

陈抟是五代宋初的道门高隐和学术大师，志向高远，学养渊博，功修精深，不仅在中国道教史，而且在中国思想文化史上贡献颇丰，堪称大家。虽然他亲授的弟子并不多，但却门庭广大，枝繁叶茂。宋代徐积在《节孝集》中称："白云夫子号希夷，碧玉窗中下绛幂。皓首勤成书万帙，病鸾偷见鹤偷知。"说明陈抟直到晚年仍然思想活跃，笔耕不辍，作品甚多。今天他的著述大多散佚，令人浩叹，但我们还是可以通过梳理检视陈抟学术的流传影响情况，来确立他崇高而厚重的历史地位。

陈抟学术传承系谱

从现有的材料来看，陈抟学术主要是通过在华山亲授的种放、张无梦和刘海蟾往下传承的。种放主要传承陈抟的图易学，张无梦主要传承陈抟的老庄学，刘海蟾主要传承陈抟的内丹术。

关于陈抟图易学在宋代的传承系统，史籍上有不少记载。宋朱震《进周易表》称："陈抟以先天图传种放，放传穆修，修传李之才，之才传邵雍。放以河图、洛书传李溉，溉传许坚，坚传范谔昌，谔昌传刘牧。穆修以太极图传周敦颐，敦颐传程颢、程颐。是时，张载讲学于二程、邵雍之间。故雍著《皇极经世》之书，牧陈天地五十有五之数，敦颐作《通书》，程颐著《易传》，载造《太和》《参两》等篇。"宋王偁《东都事略》称："陈抟读易，以数学授穆修，以象学授种放，放授许坚，坚授范谔昌。"宋邵伯温《易学辨惑》称："陈抟好读易，以数学授穆修，修授李之才，之才授邵雍；以象学授种放，放授庐江许坚，坚授范谔昌，此一枝传于南方也。"宋晁说之《传易堂记》称："至有宋华山希夷先生陈图南以易授终南种征君放明逸，明逸授汶阳穆参军修伯长，而武功苏舜钦子美亦尝从伯长学，伯长授青州李之才挺之，挺之授河南邵康节雍尧夫"；"有庐江范谔昌者，亦尝受易于种征君，谔昌授彭城刘牧，而聱隅先生黄晞及陈纯臣之徒，皆由范氏知名者也，其于康节之易源委初同而浅深有伦矣。"

南宋郑东卿在《周易疑难图解》中则直接绘出了一个陈抟图易学传承系谱：

陈抟—种放—许坚—李处约—范谔昌—刘牧—吴秘、黄黎献
   └穆修—李之才—邵雍—司马光—牛师德—子恩纯
    └周敦颐—张载、程颢、程颐

上述宋人关于陈抟图易学传承系谱的记载，曾经引起后代学者的广泛注意，也激起过热烈的讨论，有修正，有补充。比如有的学者认为穆修从年龄上看，不太可能得到陈抟亲授，受学于种放则较为可信；有的学者认为许坚比种放年长许多，活动区域主要在南唐，其易学得之种放的可能性不大，王偁、邵伯温的说法不确切；有的学者认为朱震的说法也未必尽是事实，周敦颐的太极图不太可能传自穆修，而是另有所本，或与

张伯端或与僧寿涯有关；而张载、程颢、程颐易学受陈抟的影响不大，与王弼的义理派易学关系较为密切。但不管怎么说，大家都承认，图易学在宋代十分流行，成为与汉学相对的宋学的重要组成部分，而以邵雍为代表的先天图，刘牧为代表的河图、洛书，周敦颐为代表的太极图，奠定了北宋图易学派亦称图书学派的基本格局，而这三大派的源头皆可以追溯到陈抟。

钟吕内丹道在宋金时期迅速崛起，其中最为著名者为《悟真篇》的撰著者张伯端和全真教的创立者王重阳，张伯端和王重阳后被推为钟吕内丹道的南宗鼻祖和北宗鼻祖，其后南北两宗发展很快，门徒众多，影响很大。张伯瑞的内丹法据说直接得自刘海蟾，王重阳也自称是钟离权、吕洞宾、刘海蟾的传人。而钟离权、吕洞宾既是陈抟的老师，也是陈抟的朋友；刘海蟾既是钟离权、吕洞宾的弟子，也是陈抟的弟子，所以宋金内丹道南北两宗皆与陈抟有关系。

南宋李简易的《玉溪子丹经指要》卷首《混元仙派图》，列出了钟吕内丹道的传承系谱，其中一些人出于传说、附会，不太可信，一些人的统系有些错乱，但这个传承系谱仍然有较高的参考价值。该图谱中刘海蟾门下列有李练、张仲范、蓝元道、马自然、张伯端、张继先；张伯端门下有刘奉真、石泰、马默、石淳一；石泰传薛道光，薛道光传陈楠；陈楠门下有鞠九思、沙道彰、白玉蟾、黄天谷；白玉蟾门徒较多，有彭耜、留元长、叶古熙、赵牧夫、方碧虚、王金蟾、林自然等。张伯端、石泰、薛道光、陈楠、白玉蟾后被尊为南宗五祖。

据《金莲正宗记》《七真年谱》《甘水仙源录》《长春真人西游记》等全真教的教史材料记载，王重阳主要收了七个弟子，号称全真七子，即马钰、谭处端、刘处玄、丘处机、王处一、郝大通、孙不二。王重阳去世后，全真七子继续传教布道，发展很快，其中丘处机的贡献最大，使全真教在元代达到了鼎盛时期。

陈抟亲授弟子张无梦传承的老庄学，主要再传给了陈景元。陈景元注《道德经》《南华经》，使肇始于两晋、兴盛于唐朝的道教重玄学，在宋代有了进一步发展。

明代著名道士张三丰自称其内丹功法直承陈抟，但传承系统不甚清楚，不过从他擅长蛰龙法即睡功的修炼方法上看，的确是陈抟一脉。张三丰发扬光大武当山道教，亦可看作陈抟仙风道流的影响。

陈抟和师父麻衣道者的命相学，尤其是相学，虽然传承系统不甚清楚，但确实对后世相学界影响很大。明清时期十分流行的《柳庄相法》《相法全编》《相理衡真》《水镜相法》《神相铁关刀》等相书，在内容和形式上均受到了《麻衣相法》的深刻影响。

对宋代图易学的影响

陈抟的图易学主要是通过种放往下传的。《宋史·种放传》称："放每至京师，秦雍生徒多就而受业。"说明种放门下有不少秦州、雍州一带的儒生，而图易学后来在不少儒生中流传，并且蔚然成风，与种放亦道亦儒的身份有关，也与周易为儒家经典有关。

在北宋图易学中，有三位宗师值得特别介绍，一是周敦颐，太极图学的代表，后成为理学的开山祖师；二是刘牧，河图、洛书学的代表；三是邵雍，先天图学的代表。

周敦颐（1017～1073），字茂叔，道州营道（今湖南省道县）人。历任洪州分宁县主簿、南安军司理参军、郴州郴县令、郴州桂阳令、大理寺丞、署合州判官事、通判虔州、广南东路转运判官、虞部郎中、提点广南东路刑狱、知南康军等官职。晚年定居庐山，筑书屋于莲花峰下一条小溪旁，用故乡濂溪命名，称濂溪学堂，后世学者因此称他为濂溪先生。他存世的主要著作有《太极图说》和《通书》，最为今天学子熟知的是他的散文名篇《爱莲说》。宋代理学创立者程颢、程颐兄弟早年曾向他问学。理学初期称为道学，周敦颐在《宋史·道学传》中被列在道学的首位。

《太极图说》是阐释《太极图》的经典名篇，这里的《太极图》与陈抟在华山传出的《无极图》图式是一致的，周敦颐的解释则是基于儒家《易传》的立场，自上而下，"顺则生人"，而不是内丹道的修炼，自下而上，"逆则成仙"。关于周敦颐《太极图》的来源，历史上有几种说法，一种是朱震的说法，周敦颐得自穆修，穆修得自种放；一种是朱熹的说法，周敦颐得自岳父陆诜，后人推断陆诜可能得自幕僚张伯端，张伯端得自刘海蟾；一种是张栻的说法，周敦颐亦曾问学于僧寿涯，后人推测僧寿涯或与麻衣道者有关；还有近人束景南的说法，周敦颐得自后妻的兄长蒲宗孟，而蒲宗孟得自陈景元，陈景元得自张无梦。这几种说法均认为周敦颐的《太极图》出自道教系统。周敦颐虽然开宋代新儒家先河，但他的思想中具有一些道家因素也是确信无疑的。

刘牧，字长民，彭城（今江苏省徐州市）人，官至太常博士，生平不详。著有《周易新注》《卦德通论》《易数钩隐图》等易学著作。宋仁宗庆历初年，他的再传弟子吴秘将其易学著作，进献给朝廷。今仅存《易数钩隐图》三卷，清《四库全书总目提要》称："汉儒言易多主象数，至宋而象数之中复歧出图书一派。牧在邵子之前，其首倡者也……其学盛行于仁宗时，黄黎献作略例隐诀，吴秘作通神，程大昌作易原，皆发明牧说。而叶昌龄则作图义以驳之，宋咸则作王刘易辨以攻之，李觏复有删定易图论。"说明刘牧的图易学早于邵雍，在仁宗朝盛行一时，激起了较大反响，有承继者，也有反对者。

《易数钩隐图》以图为主，共有图式五十五幅，主要是用黑白点表示的奇偶数变化，演绎易理易象；图式下面有解释文字，主要是探讨河图、洛书学。刘牧认为这些河洛图式中，有天地之数、大衍之数和五行生成之数，这些数目的排列组合，便生出四象和八卦，数的变化决定卦象的形式。这些河洛图式，不仅包括阴阳二气变化的法则，也包括五行生成的法则，不仅包括空间的方位，也包括时间的过程，因此，天地万物的形成和变化规律，皆可以在河洛图式中得到体现。刘牧易学得自范谔昌，范谔昌在《易证坠简》的自序中称其学得自溢浦李处约，李处约得自庐山许坚，邵伯温在《易学辨惑》中称许坚易学得自种放，并认为这是陈抟图易学传入南方的一支。

邵雍（1011~1077），字尧夫，赐谥康节，洛阳（今河南省洛阳市）人。隐居不仕，司马光、程颢、程颐皆是他的朋友。著有《皇极经世》和诗集《伊川击壤集》等。邵雍与周敦颐、张载、程颢、程颐被称为"北宋五子"，为理学的开山祖师之一，不过他偏于象数的图易学特色，和崇尚义理的程颢、程颐正统派理学，无论是内容，还是风格，反差都较大。邵雍虽是儒生，受道家的影响亦很大。

《皇极经世》包括《元会运世》《声音律吕》《观物》等篇章，是邵雍的易学代表作。邵雍易学，很少解释《周易》经文即卦爻辞，他认为卦爻辞乃文王之易，属于后天之学，他的兴趣主要在先天易学，即伏羲氏所画的图式。从他对先天图式的解说来看，则多来源于《易传》思想，特别是《系辞》和《说卦》。邵雍的先天图式包括《伏羲始画八卦图》《八卦正位图》《八卦重为六十四卦图》《伏羲六十四卦方圆图》《阳九阴六用数图》《经世衍易图》《经世天地始终之数图》《经世六十四卦数图》《经世一元消长之数图》《经世四象体用之数图》等，后面几幅图亦可能是邵雍之子邵伯温为诠释概括《皇极经世》所绘制。

程颢在《邵尧夫先生墓志铭》中说："先生得之于李挺之，挺之得于穆修伯长。推其源流，远有端绪。今穆李之言及其行事，概可见矣；而先生纯一不杂，汪洋浩大，乃其所自得者多矣。"也就是说，邵雍的先天易学虽然传自陈抟一脉，但由于他悟性甚高，学养深厚，创造性强，因此他的成就和声誉远远超过了穆修和李挺之。

南宋的图易学十分盛行，周敦颐的太极图、刘牧的河洛之图、邵雍的先天诸图，格外受到重视，还有各种卦变图、新整理出的汉代卦气图、扬雄的《玄图》等，并且不断有各种新创出的易图涌现，对这些易图的集录和研究蔚然成风。宋高宗绍兴年间，朱震的《周易图》和郑东卿的《周易疑难图解》即是开风气者，《周易图》不仅集有周敦颐、刘牧、李之才、李溉、邵雍等人的图，而且自创《乾坤交错成六十四卦图》《六十律相生图》等新图；郑东卿的《周易疑难图解》规模更大，图式众多，杨甲撰《六经图》，选录其中七十幅图作为该书的易图部分。宋孝宗乾道年中，张行成奏进《易通变》，附有据称是邵雍所传的《有极图》《分两图》《交泰图》《既济图》《卦一图》等十四幅图。宋孝宗淳熙年间，林栗撰《周易经传集解》，其中附有刘牧的河洛之图及自创的《大衍总会图》《六十四卦立成图》等。淳熙年间，朱熹和蔡元定合撰的《易学启蒙》，专门讨论河图、洛书、先天图、策数、卦变等易图象数学。朱熹在宋宁宗庆元年间定稿的《周易本义》则将《河图图》《洛书图》《伏羲八卦次序图》《伏羲八卦方位图》《伏羲六十四卦次序图》《伏羲六十四卦方位图》《文王八卦次序图》《文王八卦方位图》《卦变图》九幅易图，列于书的卷首，对后世理学家影响很大。黄宗炎在《周易寻门余论》中说："迨至有明，以元晦（朱熹）同国姓，崇奉特异，颁诸学宫，诸儒之易悉废，独陈抟之易盛行。"

明末清初，毛奇龄撰《河图洛书原舛编》《太极图说遗议》，黄宗羲撰《易学象数论》，黄宗炎撰《图学辨惑》，朱彝尊撰《太极图授受考》，胡渭撰《易图明辨》等，全面梳理宋初以来的图易学流传史，矛头直指宋明理学，为以复兴汉学为宗旨的清代考据学崛起铺路。明末清初儒学家以宋学尤其是宋代图易学为批判靶子，可以说从反面衬托出陈抟开源的图易学派的深远影响。

对宋代内丹道的影响

陈抟是钟吕内丹道的代表人物之一，他的内丹术主要是通过刘海蟾往下传的。刘海蟾门下弟子较多，有李练、张仲范、蓝元道、马自然、王筌、元翁碧天、张伯端、张继先、晁迥、王庭扬等人，这些人可以说都与钟吕内丹道有关系，其中以张伯端最为著名。

张伯端（987～1082），又名用成，字平叔，号紫阳，天台（今浙江省临海市）人。少年好学，兴趣广泛，三教九流诸典籍皆多涉猎。初举儒子业，尝任府吏，因家事刺激焚毁公文，触犯律法，被贬放岭南。仕途不顺，乃究心道佛，长期钻研丹经禅法。宋英宗治平年间，随龙图阁学士陆诜从桂林入蜀履职。神宗熙宁二年（1069）在成都遇刘海蟾，授金液还丹之诀，乃发心撰写《悟真篇》。陆诜去世后，张伯端转往秦陇一带谋生，在凤州触犯太守，受到流放的处罚。经过邠州遇到石泰，石泰疏通官府，为其说情，得以免刑，张伯端遂将丹法传给石泰。张伯端后投奔河东转运使马默门下任幕职。马默奉诏调离时，张伯端将《悟真篇》托付给他。张伯端晚年经过成都返回天台，终老故乡，亦有说其卒于荆湖。另著有《青华秘文金室内炼丹诀》《长生要义》等。

《悟真篇》是张伯端的代表作，与魏伯阳《周易参同契》齐名，在丹鼎派修炼界影响很大。据张伯端《悟真篇·自序》介绍，该书原有律诗八十一首，其中七言律诗十六首，以表二八之数；七言绝句六十四首，以应周易六十四卦；五言律诗一首，以象征道本太一，即太极。后增加《西江月》词十二首，以符合每年十二月节律。这九十三首诗词所包含的内容，"其如鼎器尊卑、药物斤两、火候进退、主客后先、存亡有无、吉凶悔吝，悉备其中矣"。这里用的都是与修炼丹法有关的术语，也就是说这是一本比较全面系统阐释内丹道理论和方法的著作。但张伯端感觉"于本源真觉之性有所未尽"，就是说谈修炼身体的命功部分比较完备，谈修炼精神的性功部分则有所欠缺，于是又写了一组《禅宗诗偈》，附在卷末，认为这样对指导修炼来说就比较圆满了。

张伯端在《悟真篇》中直接谈到了陈抟《指玄篇》对他的影响："梦谒西华到九天，真人授我《指玄篇》，其中简易无多语，只是教人炼汞铅。"张伯端主张从命功入手，先命后性、性命双修的炼养思想，阐发炼精化气、炼气化神、炼神还虚的三步功夫，可以看到陈抟《无极图》的深刻影响；张伯端倡导三教合一、道禅融合的内丹理念，可以说与陈抟《正易心法注》《观空篇》的思想一脉相承，当然三教融合是隋唐以来思想文化界的大趋势，应当从更加广泛的时代背景上，来审视儒学、佛法对钟吕内丹道的影响。

张伯端认为丹法乃天机秘诀，不可以轻传，因此亲授的弟子并不多，他更无意于创立教团。不过《悟真篇》在宋代的影响却很大，除了南宗嫡传外，叶文叔、元王真一、袁公辅、翁葆光、夏宗禹等人亦竞相注疏，言内丹者几乎无人不提及张伯端。

自白玉蟾起，明确宣布南宗张伯端、石泰、薛道光、陈楠、白玉蟾一系，即紫阳派的丹法出自钟吕内丹道派。实际上，在他师父陈楠的《翠虚篇》中已有类似的说法，如"那两个钟吕是吾师友""或依灵宝秘法行""或参西山会真记"。灵宝秘法指钟离权传给吕洞宾的《灵宝毕法》，西山会真记指施肩吾记载钟吕丹法的《西山群仙会真记》。白玉蟾在修炼思想上直承张伯端，在传道方式上则与张伯端不同，张伯端基本上是丹诀秘传，个人清修，白玉蟾则组织了教团，建立了宫观，制定了教规，门徒较多，香火颇盛，使钟吕内丹道的传播和影响达到了前所未有的程度。

阴阳双修派刘永年亦称承袭张伯端，其门徒翁葆光注释《悟真篇》，理论与南宗清修派十分接近。蒙文通在《陈图南学谱》中亦将刘永年、翁葆光，列入陈抟、刘海蟾、张伯端一系门下。

南宋李简易撰《玉溪子丹经指要》，称其丹法为远祖李观得自蓝元道，蓝元道为刘海蟾弟子。李简易与岳素蟾、彭冲阳、胡古蟾等同修，这是钟吕内丹道在宋代有别于张伯端法系的另外一支。另外，刘海蟾弟子马自然撰《金丹诀》，王庭扬撰《修真要诀篇》，张继先撰《金丹诗四十八首》，皆为阐发钟吕内丹道的作品。

对宋代重玄道的影响

重玄道的名称和宗旨出自《老子》第一章："道，可道，非常道。名，可名，非常名。无名，天地之始；有名，万物之母。常无欲，以观其妙；常有欲，以观其徼。此两者，同出而异名，同谓之玄。玄之又玄，众妙之门。"认为得道成仙的关键是重玄，他们将玄解释为含蕴化生世界万物的宇宙本源，并且无可名状，难以把握，妙不可言，深不可测。修炼方法上主张体用两忘，有无双遣，清静无为，持守三一。所谓三一，出自《老子》第四十二章："道生一，一生二，二生三，三生万物。"一为道体，三为道用，具体的内容有各种解释，《玄门大论》称"今三一者，神、气、精；希、夷、微；虚、无、空"。重玄道肇始于曹魏隐士孙登，在两晋南北朝时期，又融入了陆修静等人的灵宝派学说，至唐初道士成玄英注《老子》《庄子》和《灵宝经》，成为重玄派理论的集大成者。

陈抟对盛行于唐代的重玄道有所研究，有所继承，也有所发展，主要表现在他汇通儒道释三家学说，尤其是将易理禅法与老学玄旨融会贯通，用以指导内丹修炼。陈抟这种重玄解老的新旨趣，主要为弟子张无梦所承传。

张无梦的修道思想主要体现在诗集《还元篇》中。当宋真宗召其进宫讲授《还元篇》时，张无梦说道："国犹身也，心无为则气和，气和则万宝结矣；心有为则气乱，气乱则英华逝矣。此还元之大旨也。"就是说《还元篇》是谈内丹修炼的，主旨是老子的无为思想，而治国经世与修身养性的道理是一样的。张无梦认为达到心性无为的关键是守静归一，只有做到自然而然的守静归一，才能体会到大道无为而无不为的造化奥妙。他继承重玄道的传统，阐释《老子》"玄之又玄，众妙之门"："老子明开众妙门，一开一阖应乾坤。只于罔象无形处，有个长生不死根。密密勤行神暗喜，绵绵常用命常存。忻然了达逍遥地，别得嘉祥及子孙。"就是说，玄门即是得道成仙之门，如果能够参透玄门，领悟众妙，就能够超越凡尘，大化无形，脱胎换骨为长生不死、逍遥自在的神仙。他还借助易理谈内丹修炼："西庚东甲虎并龙，二物从来不见踪。天地配为夫妇位，刚柔合作坎离宫。云雷造化三千数，水火飞腾十二重。此个无为功莫问，玉池一朵白芙蓉。"这里的不少词，如天地、夫妇、刚柔、坎离、云雷、水火等，都是《易传》中常用的概念，庚甲、龙虎、玉池等也是丹书中的常用隐语。他亦借助佛法谈修道："这个形骸俱是假，只因修炼得成真。流年迅速桃垂实，浩劫移看海化尘。寻取丹台天上路，恐君白首转因循。"这里的假、浩劫、因循皆含有佛家思想。总之，张无梦的《还元篇》在内容和形式上，都与陈抟的《指玄篇》十分相似，玄和元在道教用语上是可以互训的，陈抟和张无梦确实承继了重玄道的某些精髓，同时带有老易互融、道佛会通、以丹解玄的新特点。

张无梦亲授的弟子很少，陈景元是其高足。陈景元，字太初，号碧虚子，建昌南城（今属江西省）人。宋仁宗庆历二年（1042），师事高邮天庆观道士韩知止，不久访天台山，拜张无梦为师，颇得老庄玄学秘旨。后游京师，居醴泉观，开讲道经。宋神宗闻其名，下诏在观中设普天大醮，命撰青词以试其道行和文采。陈景元呈上的青词受到神宗赏识，乃在天章阁召见陈景元，赐号真靖大师，并安排他在皇宫中的道观任职。陈景元在皇宫道观中主要是著书立说，并开馆传道，王安石、王珪等当朝大臣也喜欢与他交往。著有《道德经藏室纂微》《南华经注》《大洞经音义》《灵宝度人经集注》《高士传》等。

从陈景元的治学倾向看，他直承陈抟、张无梦的道统，又上接唐代成玄英、李荣的学脉，成为宋代重玄道的代表人物。他在《道德经藏室纂微·开题》称："此经以重玄为宗，自然为体，道德为用，其要在乎治身治国。治国则我无为而民自化，我无欲而民自朴；治身则塞其兑，闭其门，谷神不死，少私寡欲，此其要旨，可得而言。若夫视之不见，听之不闻，玄之又玄，众妙之门，殆不可得而言传也……辄依师授之旨，略纂昔贤之微，其如恍惚杳冥，在达者之自悟耳。"陈景元的这段宗旨之论说得很清楚，他的重玄学既"辄依师授之旨"，得自张无梦的师传，又"略纂昔贤之微"，研究了重玄学前辈的经典。近人蒙文通在《校理老子成玄英疏叙录》中说："其若学本于唐而训释《老子》者，若刘海蟾一系，次张伯端，次石泰，次薛道光，次陈楠，次白玉蟾，作《道德宝章》，授彭耜，彭耜作《道德经集注》，此亦渊源其久，师承有自者也。至若陈抟有弟子张无梦，号鸿濛子，次有陈景元，号碧虚子，作《道德经藏室纂微》，以著其师说。次有薛致玄，作《藏室纂微开题科文疏》五卷，及《手钞》二卷，祖述陈氏。此皆唐代道家余绪而显于宋者。"就是说唐代以成玄英为代表的重玄道主要是通过两支在宋代流传的，一支是刘海蟾一系，一支是陈抟一系。实际上，这两支可以并为一支，因为刘海蟾亦曾师承陈抟，重玄道两支皆是从陈抟往下传的，这亦是蒙文通在《陈碧虚与陈抟学派》中阐述的观点。

对金元全真教的影响

金代全真教的创立者为王重阳，他在《了了歌》中称："汉正阳兮为的祖，唐纯阳兮做师父，燕国海蟾兮是叔主，终南重阳兮弟子。聚为弟子使归依，侍奉三师合圣机。"汉正阳指钟离权，唐纯阳指吕洞宾，燕国海蟾指刘海蟾，表明全真教是钟吕内丹道的嫡传。而王重阳创教的关中地区是陈抟学派的大本营，他隐修的终南山亦是陈抟高足种放和同门道友谭峭隐修处，所以王重阳很有可能受到了陈抟学派的影响。

王重阳（1112~1170），原名中孚，后改名喆，字知明，号重阳子，咸阳（今陕西省咸阳市）人。出身于富庶之家，好学上进，为京兆府府学生员，在金熙宗天眷年间曾考中武举，但仕途不顺，怀才不遇，遂别求出路，慨然有出家修道的想法。金正隆四年（1159），在甘河镇酒馆中遇异人授以真诀。王重阳弟子后来说异人是吕洞宾，这可能性不大，但异人很可能是钟吕内丹道的传人。甘河"遇仙"后，王重阳遂弃官离家，入终南山南时村修炼，初时行为怪异，佯狂装疯，自号"王害风"，又挖了一个很大的坑穴，作为修道的场所，自称为"活死人墓"。三年后，自填坑穴，迁居终南山刘蒋村，搭建茅庵，继续修炼，这时身边已有史处厚、严处常等几个弟子。金世宗大定七年（1167），王重阳焚毁茅庵，东出潼关，赴山东半岛传教，很快在文登、宁海、福山、登州、莱州建立了五个教会，作为传教据点，并先后收了马钰、谭处端、丘处机、王处一、郝大通、刘处玄、孙不二等七个弟子，后称"全真七子"，全真教在山东发展迅速。大定九年（1169），王重阳命郝大通、王处一、孙不二在山东继续修炼传教，自己率马钰、谭处端、丘处机、刘处玄西归关中。大定十年行至开封时，王重阳身患重病，不久便去世了。

王重阳去世后，根据他的遗训，首先由大弟子马钰掌教。大定十年，马钰、谭处端、丘处机、刘处玄将王重阳灵柩从开封运回关中，安葬在终南山刘蒋村旧隐之地，并留下来为师父守墓三年。守墓期满，四位师兄弟分手，马钰留守祖庭终南山，并在关中地区传教，谭处端、丘处机、刘处玄则分别寻找清静处继续修炼。

马钰在关中掌教传教十年，风格与王重阳相似，即内炼心性，外修苦行。他经常破衣烂衫，蓬头垢面，以乞食为生，以磨炼自己的心性；他还善于用诗词歌诀宣传教义，点化世人，这是钟吕内丹道的传统。他的艰苦努力逐渐吸引了一批信众，门下重要者有曹瑱、来灵玉、李大乘、雷大通、赵九渊、柳开悟等，壮大了全真教的阵容。马钰在关中的传教，后来受到金朝统治者的猜疑，担心引发变乱，遂将他遣送回山东老家。马钰在山东半岛继续传教，力图恢复王重阳东传时的局面。大定二十二年（1182），他得知发妻孙不二在洛阳去世后，精神受到刺激，第二年即因病去世。

谭处端与马钰等分手后，初居渭水南的朝元观清修。不久出关东行，云游于河北一带，边修炼边传教。后来赴洛阳朝元宫，继续清修。大定二十一年（1181），再赴关中，居华阴纯阳洞修道。大定二十三年，马钰去世后，谭处端继掌全真教，两年后去世，门弟子主要有王道明、董尚志等。

刘处玄与马钰等分手后，初在祖庭北的瀍水边清修。后赴洛阳东北云溪洞边修炼边传教。大定十六年（1176）回到山东老家传教。大定二十五年，谭处端去世后，刘处玄继掌全真教，门弟子主要有于道显、崔道演、宋德方等。

丘处机与马钰等分手后，西行至宝鸡磻溪苦修六年，再迁陇州云门山继续修道。因传教受到京兆府官员的重视，被请去主持终南山祖庭。后返归故乡栖霞建观传教。继刘处玄后执掌全真教，门弟子主要有尹志平、李志常、王志坦、綦志远等。

郝大通初在山东继续修道，不久亦西去关中，瞻仰祖庭。后在陕西、河北一带云游，边修炼边传教，门弟子主要有范圆曦、王志谨等。

王处一初奉师命赴铁查山云光洞修道，苦修九年后，出游齐鲁间，以神异著称，颇有声誉。门弟子主要有陈志玄、朱志彦等。

孙不二遵师训先在山东乞食修炼，大定十三年（1173）西游入秦，打算与马钰会合，未能如愿后，乃东游洛阳，与号称"凤仙姑"的女道士同住同修，吸引了不少洛阳妇女。大定二十二年在洛阳去世。

以七真为首的全真教骨干经过近二十年的修炼传教，取得了一些中下层官吏的敬信和保护，亦逐渐受到了金朝统治者的重视和礼遇。大定二十七年（1187），金世宗召见王处一。大定二十八年，金世宗又召见丘处机。承安二年（1197），金章宗召见王处一。承安三年，金章宗召见刘处玄。泰和元年（1201）和三年，金章宗又两次召见王处一。

贞祐二年（1214），金廷南迁后，在民间拥有强大势力的全真教成为蒙古、金、南宋三方争取的重要对象。当时的掌教丘处机审时度势，将工作重心放在北方的蒙古。元太祖十五年（1220），七十三岁的丘处机率领十八个弟子，跋涉数万里，远赴西域雪山行宫晋见成吉思汗，受到了这位蒙古大汗的礼敬。成吉思汗令丘处机"掌管天下的出家人"，并豁免全真教道士的差役赋税。

元统一后，全真教在北方的势力已经很大，并很快渡江南传，而原来在江南活动的钟吕内丹道南宗教团徒裔因为力量较弱，未受到元室重视，于是纷纷投入全真教门下，著名者有李道纯、李月溪、金志扬、牧常晃、李钰、赵友钦、陈致虚等。至此，全真教作为丹鼎派的集大成者，规模和影响达到了鼎盛。至元六年（1269），忽必烈诏封东华帝君、钟离权、吕洞宾、刘海蟾、王重阳为"真君"，全真教称为"北五祖"；诏封王重阳七个弟子马钰、谭处端、刘处玄、丘处机、王处一、郝大通、孙不二为"真人"，全真教称为"七真"。至大三年（1310），元武宗又加封北五祖为"帝君"，七真为"真君"，随丘处机北上的十八个弟子为"真人"。

王重阳和七个弟子均有著作存世，如王重阳的《立教十五论》《金关玉锁诀》《全真集》《教化集》《分梨十化集》，马钰的《丹阳真人语录》《渐悟集》《洞玄金玉集》，谭处端的《云水集》，刘处玄的《至真语录》《仙乐集》，丘处机的《大丹直指》《磻溪集》，王处一的《云光集》，郝大通的《太古集》，孙不二的《女功内丹诗》等。从这些著作来看，全真教的修炼思想和方法与钟吕内丹派一脉相承，是钟吕内丹派在新的历史条件下的进一步发展，同时全真教在教义教规上也带有一些自身的特点和时代的印记。

对明清命相学的影响

陈抟和师父麻衣道者是五代宋初著名的命相学大师，尤其是相术对后世的影响很大。一般认为相术分江湖派和学士派两

136

大流派，江湖派强，学士派弱，而《麻衣相法》则是江湖派相术的奠基者和集大成者。明清时期颇为流行的其他江湖派代表作品如《柳庄相法》《相法全编》《水镜相法》《相理衡真》等，在体系风格、内容形式上均受到了《麻衣相法》的深刻影响。

明代相术集大成者是袁珙、袁忠彻父子。袁珙（1335～1410），字廷玉，号柳庄居士，鄞（今浙江省宁波市）人。袁忠彻（1377～1459），字公达，又字静思。自幼随父亲学习相人术。袁珙、袁忠彻父子的相术代表作是《柳庄相法》和《相法全编》，这两部传世作品并不完全由他们父子俩编撰，但由于袁珙、袁忠彻是明代最有影响的相士，而《柳庄相法》和《相法全编》是明代相术的集大成者，代表了明代相术的最高水平，所以一般把这两部相书挂在他们父子俩名下，这和《麻衣相法》与麻衣道者、陈抟的关系是有些相似的。

·《柳庄相法》在总体结构和主要内容上与《麻衣相法》是一脉相承的，如"十三部位总图""十三部位总图歌""流年运气部位图""流年运气部位图歌""十二宫图""五星六曜图""六府三才三停图""九州八卦图""五岳四渎图""四学堂八学堂图""五官图""玉枕图""论五行说""五行象说""观气色法"等篇章，皆来源于《麻衣相法》。比较有特色的内容是"永乐百问"，借明成祖永乐帝与袁柳庄的问答对话，谈论相术的方方面面；另外关于女相、童相的大量论述也是颇有新意的。

《相法全编》又称《神相全编》，收入清代《古今图书集成》时署名陈抟辑录、袁忠彻增订，从中可以看出麻衣道者、陈抟对袁珙、袁忠彻相法的深刻影响。《相法全编》在体系结构、内容形式、语言风格等方面与《麻衣相法》一脉相承，如总论中的十三部位、流年运气、十二宫、五岳四渎、五星六曜、六府三才三停、九州八卦干支、五行相、五官、形神、气色、纹痣等；分论中的骨相、肉相、面相、手相、足相、体相、声相、心相、行为相等；在表达方式上运用大量的图式和歌诀，都与《麻衣相法》十分接近。比较有特色的内容是历代著名相士相法的辑录，这一点《麻衣相法》中已经有所反映，但没有《相法全编》系统全面，诸如姑布子卿、鬼谷子、唐举、鬼眼先生、罗真人、胡僧、许负、郭泰、管辂、朱建平、达摩、袁天纲、岩电道人、吕洞宾、麻衣道者、陈抟、张行简、袁珙、袁忠彻等人的论述，当然有些内容可能是托名，放在著名相士名下，容易流传。另外在气色相方面的系统研究，对《麻衣相法》也有了较大的拓展。

清代相术集大成者是陈钊，代表作是《相理衡真》。陈钊，字淡野，号虚虚子，斋名樵云居，北沦（今属浙江省）人，主要活动在嘉庆和道光年间。《相理衡真》的卷首开篇即是"陈希夷先生心相编"，表明陈钊对麻衣道者、陈抟相法尤其是心相学的高度重视。从整个体系和风格上看，《相理衡真》与《麻衣相法》《相法全编》是一脉相承的，如果说《麻衣相法》是江湖派相术的奠基者，《相理衡真》则是江湖派相术的总结者。比较有特色的篇章有"虚虚子杂论""虚虚子谈性""虚虚子问答"等，另外在相法类型理论上，如"十字面""八种形""飞禽走兽形""八大八小""五长五短""五露六恶""六贱十杀""十大空亡""十大天罗""二十四气气色"等内容，对《麻衣相法》还是有一些补充和拓展。

清代其他一些比较流行的相书，如右髻道人（范文国）的《水镜相法》，云谷山人的《铁关刀》，栖霞山人的《金较剪》等，都程度不同地受到了《麻衣相法》的影响。《水镜相法》

的体例类似《相理衡真》，带有总结性质；《铁关刀》《金较剪》的写法则较为简明扼要，《铁关刀》的著者曾托名陈抟，比较有特色的内容是结穴法，就是结合看风水的堪舆术来看相算命。

　　陈抟的《紫微斗数》星命术，发展到明清，主要分成南北两大派。紫微南派讲求实际斗数，推法是先定紫微，即以命宫纳音以定紫微宫，然后依次逆排紫微、太阳、武曲、廉贞、贪狼、巨门、破军北斗七主星，再顺排天府、太阴、天相、天梁、七杀、天机、天同南斗七主星，再加上若干副星，列出命盘，综合分析后推论人的吉凶祸福。紫微北派的推法是先取紫微命宫，即子年紫微在子，每年一位，按生年顺取；然后再列出十八飞星，即天虚、天贵、天印、天寿、天空、红鸾、天库、贯索、文昌、天福、天禄、天杖、天异、毛头、天刃、天哭、天刑、天姚星，排定命盘，综合分析后推论人的吉凶祸福。

　　明代嘉靖进士赵迎编撰的《范围数》推命法，在明代后期较为流行，相传其法出于陈抟。这种方法来源于河洛之学，以干支配合先后天成数推人禄命，即取甲巳子午九，乙庚丑未八之数为先天，为"范"；取天一生水，地六成之之数为后天，为"围"，起于一百一十一数，极于二千三百五十四数，推算过程相当复杂。

对武当山道教的影响

　　武当山道教的兴盛，与明代高道张三丰有很大关系，而张三丰的道法出自钟吕内丹派，尤与陈抟一系最为接近。《三丰全集·道派》称："大道渊源，始于老子，一传文始，五传而至三丰先生。虽然，老子之所传亦甚多矣，其间杰出者，尹文始、王少阳。支分派别，各有传人。今特就文始言之，文始传麻衣，麻衣传希夷，希夷传火龙，火龙传三丰……老子之道，文始派最高，少阳派最大。少阳传正阳，正阳传纯阳，纯阳首传王重阳，重阳传丘长春，开北派；纯阳又传刘海蟾，海蟾传张紫阳，开南派……三丰先生谓为文始派也可，谓为少阳派也亦可。特其清风高节，终与麻衣、希夷、火龙相近。"尹文始指尹喜，又称关令尹，老子出关时授以《道德经》，后与老子同隐关外。王少阳指王玄甫，号东华子，即全真教北五祖中的东华帝君。麻衣指麻衣道者，希夷指陈抟，火龙指火龙真人，正阳指钟离权，纯阳指吕洞宾，丘长春指丘处机，张紫阳指张伯端。这个传承统系是张三丰门人提出的，有的时间跨度过大，如老子传王玄甫，尹喜传麻衣道者，吕洞宾传王重阳，不太可能亲传面授，只是表示法脉相承而已。张三丰自己在一些传道诗词中，明确表示自己的功法上承陈抟一系，如"华山高卧，吾师之师""我爱希夷高卧处，应携后进入玄门""图南一派倘能继，邋遢道人张丰仙"。

张三丰名全一，字君实，号三丰。先世初居江西龙虎山，故自称为张天师后裔。从祖父裕贤公起迁辽阳懿州（今辽宁省彰武县）；父张居仁壮负奇气，曾考中科举，但无心仕途，生性恬淡。张三丰从小为治眼疾，在道观中长大。后举儒业，曾任中山博陵令，游附近罗浮山，颇欲学晋代高道葛洪。父母亲相继去世后，归辽阳守孝，不求仕进。后有一位邱道人来访，畅谈玄理，遂决定出门访道。他在北方跑过不少名山大川，花尽所有积蓄，饱尝人世辛酸，颠簸辗转二十多年，仍然没有遇到明师指点。但他不改素志，一心求道，六十多岁时，终于在终南山遇到了火龙真人，传以内丹秘诀。火龙真人是一位高隐，生平不详。

张三丰在终南山随火龙真人隐修数年后，火龙真人命他出山修炼。他辞别恩师，云游世间，最后选择武当山作为自己的本山道场，潜心修炼，功夫大进。他初到武当山时，由于元末的兵火，五龙、南岩、紫霄等宫观大多焚毁，原来的道士也基本散去，五代时被列入道教七十二福地之一的武当山，显得香火稀疏，一片沉寂。张三丰辟荆榛，除瓦砾，结草庐于山中，与清风明月相伴，心如止水，神游八极，尤其是常在五龙观侧效法祖师陈抟，修炼睡功，作《咏蛰龙法》《蛰龙吟》。这时他的内功已经相当精深，并且神通大显，变幻莫测，俨然已经是一位高隐大道了。

其间他曾返回辽阳懿州老家为父母亲扫墓，并且还见到了那位当初劝他入道的邱道人。他还去终南山看望师父火龙真人。又在宝鸡金台观显示"阳神出窍"神迹，埋入棺材中，"死而复活"。他曾到成都劝说蜀王朱椿皈依道门，但没有成功。他还由荆楚入吴越，在金陵遇沈万三，传授他黄白术，并预见到沈万三日后的祸事。张三丰还有不少神奇轶事在民间流传，并且渐渐传到了明初统治者的耳里。

洪武十七年（1384），明太祖朱元璋派遣使臣赴武当山宣诏，张三丰隐而不见。朱元璋后又派沈万三去敦请，张三丰仍然隐而不见。

永乐五年（1407），明成祖朱棣派给事中胡濙、内侍朱祥等赴武当山宣诏，并在武当山留候多年，仍未见到张三丰。后又命工部侍郎郭琎、隆平侯张信等，征派民工三十余万人，费时数年，耗资百万，在武当山大修宫观，规模空前，又赐武当山为"太和太岳山"，加封武当山祖神真武大帝为"北极真武

141

玄天上帝"，祭祀按宫廷制度，宫观由皇室掌管。于是，武当山道教达到了前所未有的繁盛。

由于明太祖尤其是明成祖对张三丰格外重视，明朝后面的不少皇帝对张三丰也较为推崇。天顺三年（1459），明英宗封他为"通微显化真人"；成化二十二年（1486），明宪宗封他为"韬光尚志真仙"；嘉靖四十二年（1563），明世宗封他为"清虚元妙真君"；天启三年（1623），明熹宗封他为"飞龙显化宏仁济世真君"。

张三丰在武当山收徒传道，较为出名的有丘玄靖，曾任五龙观观主，后擢升京师太常卿；还有"太和四仙"：卢秋云、周真得、刘古泉、杨善登。张三丰门下派别较多，有三丰派、自然派、日新派、蓬莱派、邋遢派、新宗派、檀塔派等。明代内丹道东派创立者陆西星，清代内丹道西派创立者李涵虚，皆称师承吕洞宾、张三丰丹法，陆西星曾辑刊《吕祖全书》，李涵虚则辑刊《张三丰全集》。

张三丰武当道最具特色、最有影响的功法首推内家拳，即一般所说的太极拳。武当内家拳首创于北宋，祖师亦名张三丰，又称张三峰，拳法注重内功，以静制动，以柔克刚，有别于以刚劲搏击著称的少林外家拳。元末明初的张三丰则将内家拳进行了挖掘、整理、提炼、升华，将大道的精髓，即无极、太极、阴阳、五行、八卦等思想，融入以内炼为主的拳法中。他及门人著有《太极拳论》《太极拳歌》《学太极拳须敛神聚气论》《太极拳十三势行功心解》《太极拳七十二路图势》等，阐释太极拳的拳理拳法，使武当山道士明白习练太极拳不仅仅是为了强身健体，守山护观，更重要的是为了体悟大道，返本归真。

对华山道教的影响

陈抟隐居华山前，华山作为"五岳"之一和"三十六洞天"中的"第四洞天"，早已是一座道教名山。但在宋代以前的华山道教史上，神话色彩很浓，传说故事较多，真正长期隐修并产生重要影响的高道很少，诸如秦代的茅濛，汉代的张超、高恢、梁鸿善，晋代的王猛、司马郊，北朝的寇谦之、焦道广、韦处玄、王延，隋代的杨伯丑，唐代的金仙公主，五代的罗隐之、翟士端、郑遨、郑隐等人，虽然有些知名度，但除寇谦之之外，一般影响都不太大，而寇谦之在华山隐修的时间并不长，他的主要道场在嵩山。可以说，陈抟是华山道教史上的一位里程碑式的人物，他和同时代的一群高隐在华山推出的图易学和内丹道博大精深，源远流长，以丰富的内涵和神奇的魅力，开创了宋代以后道教发展的崭新格局。华山及其所在的关中地区，作为钟吕内丹道的发祥地和大本营，对宋元乃至明清主流道派全真教产生了决定性的影响，对另一重要道派正一教的发展亦产生了一定影响。

陈抟在华山修道四十多年，华山距离钟吕内丹道的发祥地终南山不远，钟离权和吕洞宾均是陈抟云台观的座上客，吕洞宾更是常来华山，吕洞宾的高足刘海蟾，亦与种放、张无梦入华山拜陈抟为师，种放、刘海蟾皆常往来于终南山与华山之间。陈抟的师父麻衣道者、何昌一皆为内丹道的重要传人，麻衣道者亦数次来华山。所以陈抟与钟吕内丹道的渊源很深，《无极图》由陈抟刻于华山石壁不是偶然的。宋代内丹道南宗鼻祖张伯端在名著《悟真篇》中表达了对华山陈抟老祖的敬仰。金代全真教鼻祖王重阳创教于终南山，全真七子中马钰、谭处端、刘处玄、郝大通皆曾在华山修炼过，郝大通还开创了华山派。明代武当道的开创者张三丰亲临华山参拜陈抟遗迹，明确表示武当道与华山道一脉相承，尤其是睡功蛰龙法，直承"睡仙翁"陈抟祖师。

陈抟在华山修炼，使华山上留下了不少历史遗迹，如玉泉院，即希夷祠，由陈抟华山高足贾德升修建；云台观，是陈抟在华山的长期修炼和生活场所；五龙桥，传说是武当山五炁龙君送陈抟到华山的地方；博台，传说是陈抟与赵匡胤弈棋赢华山的地方；希夷睡洞，内刻有陈抟卧像；无忧树，据说为陈抟亲手种植；避诏崖，据说是陈抟躲避宋太宗宣诏的地方；张超谷，是陈抟仙逝埋骨的地方。

陈抟是华山道教的一面旗帜，宋代以后不少名人游历华山，都要去瞻仰陈抟遗迹，并赋诗纪念。如宋初吕洞宾的《哭陈抟》："天网恢恢天象疏，一身亲到华山区。寒云去后留残月，春雪来时问太虚。三洞真人归紫府，千年鸾鹤老苍梧。自从遗却先生后，南北东西少丈夫。"宋郊的《忆希夷》："仙馆三峰下，年华百岁中。梦成孤蝶往，蜕在一蝉空。蕊木笈微言，霄辰浩气通。丹遗舐后晰，林遣御余风。布雾沉荒白，餐霞委暗红。峨眉有归约，飞步与谁同。"

明代郭登的《希夷祠》："道院沉沉紧傍山，崎岖石磴扪萝攀。烹茶童子连云煮，采药仙翁带月还。风送磬声来枕上，花随流水到人间。半生勋业空无补，吟对希夷起汗颜。"石玠的《题希夷》："闲身久被白云留，一片青山与意投。梦里不知天地阔，春来谁记鸟花愁。群生消息凭周易，历代兴亡付海鸥。亦欲启扃相问道，斜阳孤屿但寒流。"康海的《望希夷峡》："名山佳气郁嵯峨，望裏风烟长薜萝。万里春开青锦幛，一淙

144

晴下白云窝。空将尸解传茫昧，自觉天工献琢磨。夫子若无驴背笑，陈桥谁识大风歌。"许佲的《希夷峡》："高卧崖扉春复秋，孤琴独鹤伴清幽。半窗萝月窥仙梦，一枕松风荡俗愁。彩凤漫衔丹诏出，野心已被白云留。山中剩有烟霞趣，不识人间万户侯。"顾炎武的《谒希夷先生祠》："旧是唐朝士，身更五代余。每怀醇古黉，聊卜华山居。月落岩阿寂，云来洞口虚。果哉非荷贵，独识老平初。"杨慎的《玉泉院》："玉泉道院水溶溶，石上闲亭对碧峰。幽径落花春去早，帘斜日落燕飞慵。窗涵翠岫晴岚色，云断长溪两岸风。洞里睡仙何日起，不堪吟罢绕林钟。"

清代孙元煌的《拟陈希夷辞谏议大夫归华山》："凤阙新辞跨蹇还，三峰如削入残年。闲心不变金堤柳，归梦先依玉井莲。山野何堪官谏议，君王犹自问神仙。白云从此常留住，日月池头一晌眠。"李廷仪的《咏希夷》："希夷本大侠，颇似虬髯公。不作扶余主，乃成九室龙。对言皆药石，鼾睡任愚蒙。华岳峻嶒顶，松涛谡谡风。"近代康有为的《玉泉院》："谷口清泉引曲流，长廊回合树无忧。泉声山色可忘世，让与希夷睡万秋。"

结　语

　　陈抟，生于乱世，出身寒门，但胸怀大志，品性高洁，科举入仕的儒生理想幻灭后，遂走上了返本归真的修道之路。他隐居深山，上下求索，究天人之际，通古今之变，"明皇帝王霸之道"，熔三教精髓于一炉，开一代学术新风气。他雄踞绝顶，阅尽沧桑，"欲知睡梦里，人间第一玄"，成为中国道教史和中国思想文化史上的划时代人物。宋太宗在诏陈抟入朝令中称："知卿抱道山中，洗心物外。养太素浩然之气，应上界少微之星。节配巢、由，道遵黄、老。怀经纶之长策，不谒王侯；蕴将相之奇才，未朝天子。卿不屈于万乘，身奚隐于三峰。望风犹夹，举朝称贺。"近人蒙文通在《陈图南学谱》中称："图南不徒为高隐，而实博学多能。不徒为书生，而固有雄武之略。真人中之龙耶！方其高卧三峰，而两宋之道德文章，已系于一身。"陈抟堪称是天降大任的奇男子、伟丈夫和睡仙翁！

　　最后，不揣谫陋，填词一阕，聊表晚生后学对陈抟老祖的幽幽眷念和深深敬意。

齐天乐·大道

　　月凝云定空山寂，茅庵淡泊独憩。往事如烟，红尘幻影，清境圆融心底，幽玄睡意。纵神驰八极，洞天福地。华顶龙蛰，宇寰混沌自安逸。

　　悠然醉眠静谧，奈何丹诏降，朝阙难避。不慕荣华，坚辞仕禄，归隐花开梦里，云台面壁。太虚最高层，寥廓无际。大道希夷，看星河迤逦。

附　录

年　谱

872 年（唐咸通十三年）　出生于亳州真源，一说普州崇龛，生身父母情况不详。姓陈名抟，字图南，号扶摇子。

875 年（乾符二年）　常在涡河岸边玩耍，不爱说话。传说一位仙姑青衣媪给他喂奶后，从此口齿伶俐，聪慧过人。

878 年（乾符五年）　养父母送他去塾馆读书。

886 年（光启二年）　兴趣广泛，记忆惊人，经史百家之言，皆能过目不忘。

932 年（后唐长兴三年）　赴京都洛阳参加进士科考试，落第后遂不求仕进，以山水为乐。

934 年（清泰元年）　赴房州武当山九室岩隐修，著有《九室指玄篇》等。

937 年（后晋天福二年）　在邛州天庆观拜都威仪何昌一为师，习练锁鼻术，即后来影响很大的睡功。在后蜀成都府、普州、邛州、嘉州、荣州、资州、遂州、彭州等地长期访道游历。

944~948 年（后晋开运元年至后汉乾祐元年）　移居华州华山古云台观隐修。

956 年（后周显德三年）　后周世宗诏令赴朝，封谏议大夫，坚辞乞归。周世宗赐号白云先生，放他归隐华山。

957 年（显德四年）　隐居终南山，与谭峭相交好。

958 年（显德五年）　成州刺史朱宪陛赴任前，周世宗让他带五十匹帛、三十斤茶顺道转送给陈抟。

960年（北宋建隆元年）　　骑驴游华阴，闻宋太祖登基，大笑坠驴道："天下这回安定了。"宋太祖召其赴朝辅政，婉辞未至。

977年（太平兴国二年）　　宋太宗多次征诏后，第一次赴朝，寓建隆观。

979年（太平兴国四年）　　第二次赴朝，建议征北汉。宋太宗封谏议大夫，坚辞乞归。

984年（雍熙元年）　　宋太宗赐号希夷先生，在皇宫大殿设宴送别陈抟，并诏令修葺华山云台观。

988年（端拱元年）　　遣门弟子贾德升带人在华山张超谷开凿石棺墓穴。

989年（端拱二年）　　七月二十二日，仙逝于华山莲花峰下张超谷中。

主要著作

1.《指玄篇》一卷，见元脱脱等《宋史·陈抟传》。

2.《正易心法注》一卷，收入丛书集成本、范氏奇书本。

3.《易龙图序》，收入宋吕祖谦《宋文鉴》。

4.《易龙图》一卷，宋郑樵《通志·艺文略》列目。

5.《无极图》，收入清黄宗炎《图学辨惑》。

6.《太极图》，收入清胡渭《易图明辨》。

7.《先天图》，收入宋朱熹《周易本义》卷首。

8.《阴真君还丹歌注》一卷，收入《道藏》洞真部玉诀类。

9.《人伦风鉴》，《通志·艺文略》列目。

10.《心相篇》，收入清陈宏谋《训俗遗规》。

11.《观空篇》，收入宋曾慥《道枢》卷十。

12.《太乙宫记》，收入清王昶《金石萃编》卷一二三。

13.《广慈禅院修瑞像记》，收入清陆耀通《金石续编》卷十三。

14.《陈希夷胎息诀》，收入《道藏》《诸真圣胎神用诀》。

15.《二十四气坐功》，收入明高濂《遵生八笺》。

16.《入室还丹诗》，见元张辂《太华希夷志》。

17.《三峰寓言》，见《宋史·陈抟传》。

18.《高阳集》，见《宋史·陈抟传》。

19.《钓潭集》，见《宋史·陈抟传》。

20.《紫微斗数》三卷，收入《道藏》。

21.《赤松子八诫录》一卷，《通志·艺文略》列目。

22.《河洛真数》二卷，明王圻《续文献通考·经籍考》列目。

23.《玉尺经》四卷，收入《地理大全》二集。

参考书目

1.《诸子集成》，上海书店，1986年。

2.《四库术数类丛书》，上海古籍出版社，1989年。

3.《二十五史》，上海古籍出版社、上海书店，1986年。

4.〔宋〕司马光：《资治通鉴》，中华书局，1956年。

5.〔宋〕郑樵：《通志》，中华书局，1987年。

6.〔宋〕王偁：《东都事略》，《四库全书》本。

7.〔宋〕陶岳：《五代史补》，《四库全书》本。

8.〔宋〕释文莹：《玉壶清话》，中华书局，1984年。

9.〔宋〕魏泰：《东轩笔录》，中华书局，1983年。

10.〔宋〕王辟之：《渑水燕谈录》，中华书局，1981年。

11.〔宋〕邵伯温：《邵氏闻见录》，中华书局，1983年。

12.〔宋〕文同：《丹渊集》，《四部丛刊》本。

13.〔宋〕刘斧：《青琐高议》，上海古籍出版社，1983年。

14.〔宋〕杨亿：《谈苑》，《四部丛刊》本。

15.〔宋〕张方平：《乐全集》，《四部丛刊》本。

16.〔宋〕张舜民：《画墁录》，《四部丛刊》本。

17.〔宋〕钱希白：《洞微志》，《说郛》本。

18.〔宋〕晁说之：《嵩山文集》，《四部丛刊》本。

19.〔宋〕张端义：《贵耳集》，中华书局，1958年。

20.〔宋〕邵雍：《伊川击壤集》，《四部丛刊》本。

21.〔宋〕陆游:《老学庵笔记》,中华书局,1979年。

22.〔宋〕江少虞:《宋朝事实类苑》,上海古籍出版社,1981年。

23.〔金〕元好问:《续夷坚志》,中华书局,1986年。

24.〔明〕薛蕙:《考功集》,《四库全书》本。

25.〔明〕杨慎:《升庵集》,《四库全书》本。

26.〔明〕高濂:《遵生八笺》,巴蜀书社,1988年。

27.〔宋〕释志磐:《佛祖统纪》,《大正藏》本。

28.〔宋〕刘牧:《易数钩隐图》,《四库全书》本。

29.〔宋〕邵雍:《皇极经世》,《四库全书》本。

30.〔宋〕邵伯温:《易学辨惑》,《四库全书》本。

31.〔元〕张理:《易象图说》,《道藏》本。

32.〔明〕来知德:《周易集注》,《四库全书》本。

33.〔清〕胡渭:《易图明辨》,中华书局,2008年。

34.〔清〕毛奇龄:《毛奇龄易著四种》,中华书局,2010年。

35.〔清〕黄宗炎:《图学辨惑》,中华书局,2010年。

36.〔清〕黄宗羲等:《宋元学案》,中华书局,1986年。

37.〔清〕朱彝尊:《经义考》,《四部备要》本。

38.〔宋〕晁公武:《郡斋读书志》,《四部丛刊》本。

39.〔宋〕陈振孙:《直斋书录解题》,《四库全书》本。

40.〔清〕永瑢等:《四库全书总目》,中华书局,1965年。

41.〔宋〕王象之:《舆地纪胜》,中华书局,1991年。

42.〔宋〕祝穆:《方舆胜览》,中华书局,2003年。

43.〔五代〕谭峭:《化书》,中华书局,1996年。

44.〔明〕张三丰:《张三丰全集》,浙江古籍出版社,1990年。

45.〔五代〕麻衣道者:《麻衣相法》。

46.〔明〕袁珙:《柳庄相法》。

47.〔明〕袁忠彻:《相法全编》。

48.〔清〕陈钊:《相理衡真》。

49.陈垣、陈智超:《道家金石略》,文物出版社,1988年。

50. 胡道静等主编：《道藏要籍选刊》，上海古籍出版社，1989 年。

51. 陈国符：《道藏源流考》，中华书局，1963 年。

52. 蒙文通：《道书辑校十种》，巴蜀书社，2001 年。

53. 刘咸炘：《道教征略》，上海科学技术文献出版社，2002 年。

54. 任继愈主编：《中国道教史》，上海人民出版社，1990 年。

55. 卿希泰主编：《中国道教史》，四川人民出版社，1996 年。

56. 王家祐：《道教论稿》，巴蜀书社，1987 年。

57. 李养正：《道教概说》，中华书局，1989 年。

58. 朱越利：《道教答问》，华文出版社，1989 年。

59. 唐明邦：《论道崇真集》，华中师范大学出版社，2006 年。

60. 孙以楷等：《道家文化寻根》，安徽人民出版社，2001 年。

61. 陈鼓应主编：《道家文化研究》第 11 辑，三联书店，1997 年。

62. 朱伯崑：《易学哲学史》上、中册，北京大学出版社，1986、1989 年。

63. 刘大钧：《周易概论》，齐鲁书社，1988 年。

64. 南怀瑾：《易经杂说》，中国世界语出版社，1994 年。

65. 王铁：《宋代易学》，上海古籍出版社，2005 年。

66. 常秉义：《易经图典举要》，光明日报出版社，2007 年。

67. 郭志成、郭韬：《走进伏羲》，光明日报出版社，2007 年。

68. 周春才：《易经图典》，新世界出版社，2009 年。

69. 李显光：《混元仙派研究》，中国社会科学出版社，2007 年。

70. 修功军：《陈抟老祖》，东方出版社，2007 年。

71. 谭其骧主编：《中国历史地图集》，中国地图出版社，1982 年。